21世纪
会计系列规划教材
精要版

Qiye Kuaiji
Zonghe Shiyan Jiaocheng

企业会计综合实验教程

第五版

刘敏坤 郑怀颖 编著

东北财经大学出版社
Dongbei University of Finance & Economics Press
大连

U0792287

图书在版编目（CIP）数据

企业会计综合实验教程 / 刘敏坤，郑怀颖编著．—5版．—大连：东北财经大学出版社，2022.8

（21世纪会计系列规划教材·精要版）

ISBN 978-7-5654-4600-9

Ⅰ.企… Ⅱ.①刘… ②郑… Ⅲ.企业管理-会计-高等学校-教材 Ⅳ.F275.2

中国版本图书馆CIP数据核字（2022）第131150号

东北财经大学出版社出版

（大连市黑石礁尖山街217号 邮政编码 116025）

网 址：http：//www.dufep.cn

读者信箱：dufep@dufe.edu.cn

大连天骄彩色印刷有限公司印刷 东北财经大学出版社发行

幅面尺寸：205mm×285mm 字数：221千字 印张：14.75

2022年8月第5版 2022年8月第1次印刷

责任编辑：李智慧 李 栋 周 晗 责任校对：何 群

封面设计：冀贵收 版式设计：原 皓

定价：38.00元

教学支持 售后服务 联系电话：（0411）84710309

版权所有 侵权必究 举报电话：（0411）84710523

如有印装质量问题，请联系营销部：（0411）84710711

第五版前言

《企业会计综合实验教程》是基于会计工作过程编写的，本教材在实验内容、科目、相关票据等方面做了更新。教材中的会计科目及会计业务是按照最新《企业会计准则》《企业财务通则》设计的，会计业务更加全面，涉及的企业所得税、增值税、支票等票据和结算凭证都是按照最新法规或最新标准设计的。

为方便广大教师和学生使用，本教材分上、下两篇。

上篇为基础会计综合实验，是在基础会计理论课程学完之后进行的综合实验，以食品工业企业12月份的业务为例，填制部分原始凭证和汇总原始凭证、编制记账凭证、登记明细账、编制科目汇总表、登记总账、编制会计报表、编写1 000字的实验报告，实验完成后可使学生基本掌握会计核算的技能和能力，初步体会会计核算的账务处理程序。

下篇为财务会计综合实验，是在财务会计理论课程学完之后进行的综合实验，以中型合资企业12月份的业务为例，包括筹资、调账业务，按分批法、分步法计算产品成本，各种销售方式的业务核算，使学生掌握综合运用财务会计、成本会计理论知识的能力，注重基本技能、操作能力的训练，提高学生的动手能力，使学生从总体上把握企业财务会计的全部流程，正确、熟练地进行相关业务的账务处理。

《企业会计综合实验教程》是"21世纪会计系列规划教材·精要版"系列教材之一，经过十年的使用，已被越来越多的高等院校所认可，也得到了越来越多使用者的好评和推荐。本次修订根据《企业会计准则解释第14号》（财会〔2021〕1号）、《企业会计准则及应用指南2022年版》、《关于进一步实施小微企业所得税优惠政策的公告》（财政部 税务总局公告2022年第13号）及相关文件对书中内容进行修改，力求与实务同步。

本书编写分工如下：上篇由郑怀颖编写，下篇由刘敏坤编写。钱育勇和姜山峰参与了本书的资料收集和校对工作。本书在编写过程中，得到了唐山学院会计学院领导及老师的指导和支持，同时，还得到了有关企事业单位、金融行业企业的支持和帮助，在此表示衷心感谢。对于书中不妥之处，恳请广大同行和读者批评指正。

编著者

2022年6月

目　录

上　　篇

基础会计综合实验

一、企业概况

1.企业名称：同利食品厂。

2.该企业位于凤鑫市广建路27号，开户银行为工商银行广场办事处，账号180021，统一社会信用代码13020185789236679L，库存现金限额1 000元。

3.设有面包车间和蛋糕车间两个生产车间，生产面包、蛋糕两种产品。

4.领用材料月末统一计价入账。

5.采用科目汇总表账务处理程序登记总账。

6.增值税税率均为13%。

7.固定资产使用期限均为10年，采用年限平均法计提折旧，无残值。

8.动力电通过制造费用核算，然后分配到各产品成本中。

二、期初余额表

同利食品厂2×21年12月期初余额表如下：

同利食品厂期初余额表

单位：元

会计科目	借　方	会计科目	贷　方
库存现金	500		
银行存款	20 000		
应收账款	2 100		
华茂食品店	800	短期借款	20 000
青胜蓝商场	1 300	银行借款	20 000
其他应收款	300	应付账款	5 172
吴林	300	河东鸡场	2 000
原材料	4 872	面粉二厂	3 172
面粉　1 400千克	2 352	应付职工薪酬	1 000
奶油　40千克	248	实收资本	90 000
鸡蛋　250千克	1 050	利润分配	6 000
白糖　250千克	560	未分配利润	6 000
食用油　100千克	390	累计折旧	1 600
酵母　8千克	272	面包炉　5台	500
固定资产	96 000	蛋糕机　3台	200
面包炉　5台	30 000	厂房　3座	900
蛋糕机　3台	12 000		
厂房　3座	54 000		
合　计	123 772	合　计	123 772

三、实验题目

同利食品厂2×21年12月发生业务如下：

1.1日，从面粉二厂购面粉，货款已付，面粉验收入库。（附件1-1、附件1-2、附件1-3）
2.2日，销售给欣欣食品店面包和蛋糕。（附件2-1、附件2-2、附件2-3）
3.2日，从河东鸡场购料，货款未付。（附件3-1、附件3-2）
4.3日，从绿宝贸易公司购料，以银行存款支付。（附件4-1、附件4-2、附件4-3）
5.3日，用现金从光大会计用品商店购买办公用品，财务部门领用。（附件5-1）
6.7日，面包车间的面包炉出现故障，以现金支付修理费。（附件6-1）
7.8日，销售给个体经济户刘万春面包、蛋糕，现金收讫。（附件7-1、附件7-2）
8.8日，将现金存入银行。（附件8-1）
9.10日，购劳保用品，当即领用。（附件9-1、附件9-2、附件9-3）
10.12日，业务员吴林出差回来，报销差旅费。（附件10-1）
11.14日，从银行提现，备发工资。（附件11-1）
12.14日，发放工资。（附件12-1）
13.17日，购入打蛋机1台，验收并交蛋糕车间使用。（附件13-1、附件13-2、附件13-3）
14.18日，永红商场违约，收罚款现金500元。（附件14-1）
15.19日，用现金支付工人生活困难补助200元。（附件15-1）
16.24日，支付业务招待费。（附件16-1、附件16-2）
17.25日，购买银行用支票100元，付现金。（附件17-1）
18.26日，付销售部门运输费，以支票付款。（附件18-1、附件18-2）
19.26日，销售面粉200千克，收支票存银行，并结转成本。（附件19-1、附件19-2、附件19-3）
20.26日，用现金支付本企业司机违章罚金100元。（附件20-1）
21.29日，销售给华茂食品店面包和蛋糕，款未收。（附件21-1、附件21-2）
22.30日，支付并分配本月水费。（附件22-1、附件22-2、附件22-3）
23.30日，支付并分配本月电费。（附件23-1、附件23-2、附件23-3）
24.31日，根据领料单编制“发出材料汇总表”，并据以分配材料费用。（附件24-1至附件24-9）
25.31日，分配本月工资费用。（附件25-1）
26.31日，以银行存款支付本月其他费用。（附件26-1、附件26-2）
27.31日，计提本月折旧费用。（附件27-1）
28.31日，分配制造费用。（附件28-1）
29.31日，结转面包和蛋糕的生产成本，在产品为材料费用。（附件29-1）
30.31日，结转已销产品成本。（附件30-1）
31.31日，结转本月收入。
32.31日，结转本月成本、费用、支出。
33.31日，计算所得税。（附件33-1）
34.31日，结转本年利润至“利润分配——未分配利润”账户。
35.31日，结转本期未交增值税。
36.编制科目汇总表，登记总账。（附件36-1）

37.编制资产负债表、利润表。（附件37-1、附件37-2）

四、实验指导

（一）实验目的

本实验是在基础会计理论课程学完之后进行的综合实验，通过本实验达到如下目的：

1.理论联系实际，深入理解会计基本理论，特别是从整体方面进行理解。

2.掌握会计核算的基本技能和能力，初步了解会计核算的账务处理程序。

3.明确会计工作者应具备的基本业务素质。

（二）基本要求

1.以学生身份参加。可以相互交流、提问、参阅有关资料，允许发生计算、记录性错误，但是，必须按规范更正。

2.以会计工作者的身份参加。对业务要周密思考、慎重对待，力求处理业务快捷、准确、周到，力求工作成果规范、及时、工整。

（三）实验内容

本实验以同利食品厂2×21年12月的业务为例，填制部分原始凭证和汇总原始凭证，编制记账凭证，登记明细账，编制科目汇总表，登记总账，编制会计报表，编写1 000字左右的实验报告。

（四）实验步骤

1.建账。

（1）建总分类账（订本式，账页为每页25行）。

①科目设置：依据上期已封账的旧账，根据法规变动、管理要求、业务变动的情况确定应设置的科目名称，并按应用的科目表的顺序排列，一次建齐。本实验应设置27个科目。

A.资产类科目。有库存现金、银行存款、应收账款、其他应收款、原材料、库存商品、固定资产、累计折旧共8个科目。

B.负债类科目。有短期借款、应付账款、应付职工薪酬、应交税费共4个科目。

C.所有者权益类科目。有实收资本、本年利润、利润分配共3个科目。

D.生产成本类科目。有生产成本、制造费用共2个科目。

E.损益类科目。有主营业务收入、主营业务成本、销售费用、其他业务收入、其他业务成本、管理费用、财务费用、营业外收入、营业外支出、所得税费用共10个科目。

②建账程序。

A.登记账簿启用及交接记录，明确经管责任。

B.开户（就是在空白账页上登记科目名称）。在账页的左上方（或是右上方），“科目”后面的横线上，填写一级科目名称。

C.登记期初余额。“日期”均登记2×21年12月1日，“凭证编号”栏不填，摘要栏均填写“期初余额”四个字，金额只在余额栏登记，借方栏、贷方栏均不登记，在“借或贷”栏，按余额的应在方向填写“借”字或是“贷”字。

D.一个科目所占页数，因账务处理程序不同而不同。若采用科目汇总表账务处理程序且每月汇总一次，则不需要累计的科目每月只占一行，年终做本年合计，再加“上期结转”一行，全年共占14行。需要累计的成本费用类、损益类科目，由于1月份无累计，所以2—12月累计数占11行，全年占25行，故每个科目占一页即可。

E.填写账户目录，贴口取纸。

（2）建日记账和明细分类账（明细分类账因采用活页式不要求一次建齐，但考虑到学生们为初次建账，本实验可一次建齐）。

①科目设置（共43个）。

A.日记账（订本式）。有库存现金日记账和银行存款日记账共2个账户。

B.三栏式明细账（活页式）。有“应收账款”科目所属的华茂食品店、青胜蓝商场，“其他应收款”科目所属的吴林，“短期借款”科目所属的银行借款，“应付账款”科目所属的河东鸡场、面粉二厂，应付职工薪酬，“应交税费”科目所属的应交所得税、未交增值税，实收资本，本年利润，“利润分配”科目所属的未分配利润，其他业务收入，其他业务成本，营业外收入，营业外支出，所得税费用。

C.数量金额式明细账（活页式）。有“原材料”科目所属的面粉、奶油、鸡蛋、白糖、食用油、酵母，“库存商品”科目所属的面包、蛋糕，“固定资产科目”所属的面包炉、蛋糕机、厂房、打蛋机，“主营业务收入”科目所属的面包、蛋糕，“主营业务成本”科目所属的面包、蛋糕共16个账户。

D.多栏式明细账（活页式）。有“生产成本”科目所属的面包、蛋糕，“制造费用”科目所属的面包、蛋糕，“管理费用”，“财务费用”，“销售费用”共7个账户。

E.专用格式明细账。有“应交税费”科目所属的“应交增值税”账户。

②建账程序。

A.在明细账的账夹正面插入自制的账户目录卡。

B.登记账簿启用及交接记录，明确经管责任。

C.开户（就是在空白账页上登记科目名称）。

a.三栏式账页。

三栏式账页又称甲式账页，在账页的中间，“账”字前面的横线上，写“明细”两个字。在右上角（或是左上角）的“本户页数”栏，填写该明细科目的页次，每一个明细科目从第一页开始；“本账页数”栏，在建账时不填，到年终封账，账页不再变动时，按本账填写连续号，确定本账的页数。在右上角（或是左上角）“科目”二字前面的横线上写一级科目名称，在后面的横线上写二级科目名称，没有二级科目的可以不写。

b.数量金额式账页。

数量金额式账页又称乙式账页，在中间上方“明细账”的左边横线上写一级科目名称，即总分类科目名称。在左上方“明细科目”右边的横线上写二级科目名称，即类别；在左上方“品名”右边的横线上写三级科目名称，即产品的名称；在“规格”右边的横线上写四级科目名称，即具体规格。在“计量单位”右边的横线上写统一的计量单位，计量单位确定之后，不应轻易改变，实际业务的计量单位与此不符时要折合成统一的计量单位。

在右上角“分页第____页”的横线上，填写该明细科目的页次，每一个明细科目从第一页开始；“总页第____页”的横线上，在建账时不填，到年终封账，账页不再变动时，按本账填写连续号，确定本账的页数。

c.多栏式账页。

多栏式账页又称分析式账页，它以左右两张账页为一份账页，除了借、贷、余三栏之外还有分析栏11栏，用于进一步分析、明确业务具体内容。中间上方“明细账”的左边填写一级科目名称。在左上方（或右上方）“科目名称”的右边横线上填写二级科目名称，若没有二级科目也可以不填。

在右上方的方框内“本户页数”栏，填写该明细账的页次，每一个明细科目从第一页开始编起。“本账页数”栏，在建账时不填，到年终封账，账页不再变动时，按本账填写连续号，确定本账的页数。

（3）登记期初余额。

A.甲式账页、乙式账页期初余额的登记同总分类账。

B.分析式账页。只在余额栏登记。如何登记分析栏，按照本实验涉及的生产成本、制造费用、管理费用、财务费用、销售费用5个科目具体说明如下：

"生产成本"科目，在分析栏设置直接人工、直接材料、制造费用、其他共4个成本项目。在本实验中，"生产成本"科目有面包、蛋糕2个明细账户。

"制造费用"科目，在分析栏设置工资、折旧费、水电费、修理费、其他共5个费用项目。在本实验中，"制造费用"科目有面包、蛋糕2个明细账户。

"管理费用"科目，在分析栏设置工资、办公费、差旅费、招待费、折旧费、水电费、其他共7个费用项目。

"财务费用"科目，在分析栏设置利息、手续费、其他共3个费用项目。

"销售费用"科目，在分析栏设置工资、运输费、广告费、其他共4个费用项目。

C.固定资产明细账。

在账页上登记好各项目数值，然后在固定资产原值和累计折旧余额栏分别登记金额，并计算出净值。

面包炉：使用年限10年，年折旧率10%，年折旧额3 000元，无残值，单位台。

蛋糕机：使用年限10年，年折旧率10%，年折旧额1 200元，无残值，单位台。

厂房：使用年限10年，年折旧率10%，年折旧额5 400元，无残值，单位座。

打蛋机：使用年限10年，年折旧率10%，年折旧额200元，无残值，单位台。

2.编制记账凭证。

（1）共同的编制方法。

①记账凭证的选择。

根据题意分析是否涉及"库存现金"和"银行存款"科目，不涉及的则选择转账凭证；涉及时再分析是属于收款，还是付款。收款选择收款凭证，付款选择付款凭证；涉及库存现金和银行存款内部转移业务的，只编付款凭证。

②记账凭证的编制。

A.日期。应按编制记账凭证的日期填写，实验时按业务题指明的日期填写。

B.编号。按5个系统编号，即分为现收、现付、银收、银付、转账5个系统，每月分别从1号开始编起，各系统连续编号。

C.摘要。扼要地把业务内容表示出来。如从银行提取现金，则可简化为"提现"二字；材料的收发，可简化为"购入"和"领用"等。若是银行支票结算业务，有支票号码的应填写支票号码的最后四位数，以便将来和银行对账。如果该业务涉及三级科目，应在摘要栏进行提示。如：某企业"原材料"科目按三级设置明细科目，发生用银行支票采购规格是Φ8、单价2 500元/吨的圆钢2吨的业务，银行支票号码是825408，则在摘要栏填写"购Φ8圆钢2吨，@2 500元，支票5408"。这样可以看出：一级科目是"原材料"，二级科目是"圆钢"，三级科目是"Φ8"，数量是2吨，单价是2 500元/吨，支票号码最后四位数是5408。又如：发生购买厂部用纸的业务，则在摘要栏填写"购办公纸"就能知道是要求登记到"管理费用"账户中办公费的费用项目。

D.金额。每个账户的业务金额填写之后，应在合计行填写合计数，并且在数字的前面书写人民币符号，若有空行应在业务金额和合计金额之间划一道斜线。

E.记账符号。记账符号是在登记账簿之后填写的，就是挑钩。打钩的位置是："库存现金""银行存款"科目在"出纳账页"栏打钩，其他科目在"分户账页"栏打钩。另外，如你是根据各账户的业务金额登账的，则对着业务行打钩；如你是根据合计数登账的，则对着合计行挑钩。

F.附件。附件是指应附在记账凭证后面的原始凭证，张数以独立的原始凭证数计数，如：报销差旅费，有差旅费报销单1张，差旅费报销单上又注明附单据3张（车票、住宿发票），因为车票、住宿发票不是独立原始凭证，所以按1张计。附件应整理好之后粘贴在记账凭证的后面。粘贴时应注意两点：一是左边要留一定空白，避免装订时被装订线钉住；二是应当尽量均匀地上下排列整齐之后再粘贴，凭证装订成册时，才不会一边厚、一边薄。

G.签字。在编好记账凭证之后，应在下面的制单处签上自己的名字。

（2）不同的填制方法。

①收款凭证。收款凭证的左上方，在“借方科目”右边的横线上填写“库存现金”或“银行存款”科目，编号右边的横线上填写该科目的编号（在科目表上有编号），也可以不填，但是不能只写编号不写科目名称。若是在不同的专业银行开户，则在“银行存款”四个字的后面加上专业银行的代号，如在中国工商银行的存款户收款，则在收款凭证的左上方填写“银行存款（工）”即可。贷方总账科目栏，填写有对应关系的一级科目名称。明细科目栏，填写有对应关系的明细科目名称。若是涉及三级科目的业务，应在摘要栏表示。出纳账页栏是指出纳登记日记账之后，把所登日记账的页数记到这里，也可以打钩。分户账页栏是指登记对方科目后，把所登对方科目的本户页数号码填到这里，也可以打钩。

②付款凭证。付款凭证的左上方，在“贷方科目”右边的横线上填写“库存现金”或“银行存款”科目，编号右边的横线上填写该科目的编号（在科目表上有编号），也可以不填，但是不能只写编号不写科目名称。若是在不同的专业银行开户，则在“银行存款”四个字的后面加上专业银行的代号，如在中国工商银行的存款户付款，则在付款凭证的左上方填写“银行存款（工）”即可。借方总账科目栏，填写有对应关系的一级科目名称。明细科目栏，填写有对应关系的明细科目名称。若是涉及三级科目的业务，应在摘要栏表示。出纳账页栏是指出纳登记日记账之后，把所登日记账的页数记到这里，也可以打钩。分户账页栏是指登记对方科目后，把所登对方科目的本户页数填到这里，也可以打钩。

③转账凭证。转账凭证的左上方，不填科目名称，科目名称都填在表体内。有借方金额、贷方金额两个金额栏，用以表示应借应贷科目的记账方向。编制时，应先写借方科目名称，金额写在借方金额栏；后写贷方科目名称，金额写在贷方金额栏。由于转账业务涉及的科目较多，因而，可能出现一笔业务需用两张甚至三张记账凭证的情况，这时的编号应用分数表示，如转$3\frac{1}{2}$，“3”表示第3张转账凭证，“2”表示该业务共编制了两张记账凭证，“1”表示该凭证是两张记账凭证中的第一张。

（3）编制记账凭证。

本实验根据所发生的业务应编制的记账凭证见下表：

记账凭证编号

业务号	记账凭证编号	业务号	记账凭证编号	业务号	记账凭证编号
1	银付1	13	银付5	25	转6
2	银收1	14	现收2	26	银付10
3	转1	15	现付5	27	转7
4	银付2	16	银付6	28	转8
5	现付1	17	现付6	29	转9
6	现付2	18	银付7	30	转10
7	现收1	19	银收2、转3	31	转11
8	现付3	20	现付7	32	转12
9	银付3	21	转4	33	转13、转14
10	转2	22	银付8	34	转15
11	银付4	23	银付9	35	转16
12	现付4	24	转5		

3.登记日记账和明细账。

（1）共同的登记方法。

①依据。必须根据记账凭证登记账簿。

②日期。按照记账凭证上的日期登记。

③记账凭证字号。“字”是指记账凭证的种类，如现收、现付、银收、银付、转。“号”是指连续的编号。若用现金收款第2号记账凭证登记账簿，则在库存现金日记账上的记账凭证字号栏填写“现收2”。

④摘要。大部分摘要可以按照记账凭证上的摘要登记，有的则要加以修改，如结转产品销售成本，依据的是转账凭证，摘要栏写的是“转出成本”，登记产成品账户时是合适的，登记产品销售成本账户时就不合适了，应改为“转入”。

⑤对方科目。它是指同一张记账凭证上具有对应关系的总账科目，若对方科目有几个一级科目，则可简写。

⑥金额。收款凭证和付款凭证的金额都只有一栏。不论借方科目还是贷方科目都是根据这一栏的金额登记的，一般登记左上方科目时，按金额栏的合计数登记，登记内部科目时按对应的同一行上的金额登记。转账凭证的金额栏，分为借方金额和贷方金额两栏，比较明确，各个科目都根据对应的同一行的金额登记。登记账簿时注意不要把借贷方向弄错。

⑦转下页、承上页。这里是指按记账凭证登账，只能登到倒数第二行，最后一行做如下登记：在摘要栏写“转下页”三个字，把本月本页的发生额汇总起来，登记在借方和贷方，并计算出余额，以便转到下一页。在下一页第一行的摘要栏写“承上页”三个字，把上一页最后一行的数据转登过来，以便继续进行汇总，用以减轻月末汇总的工作量。

⑧更正错账。更正错账必须按照规定的更正方法更正，不得自行其是。

⑨跳行隔页的处理。若发生跳行、隔页，应将空白行或空白页用红线工整地划去，并盖上人名章，表明此行或此页空白，无数据。

（2）不同的登记方法。

①日记账。要求每天结算出当天的余额。

②明细账：

A.采用数量金额式账页的账户要将数量、金额栏填齐。

B.采用分析式账页的账户一定要登记好分析栏。登记借方发生额时，同时在分析栏用蓝字登记分析的数据；登记贷方发生额时，同时在分析栏用红字登记分析的数据；月初、月末有余额时，分析栏的数据之和，应与余额相等。

4.登记总账。

（1）依据。登记总账的依据要视所采用的记账程序而定。采用记账凭证账务处理程序时，根据记账凭证登记总账。采用科目汇总表账务处理程序时，根据科目汇总表登记总账。本实验采用科目汇总表账务处理程序。

科目汇总表的编制如下：

①科目名称栏。应按科目表的顺序排列，没有用到的科目可以跳过去。

②期初余额栏。可以根据上期科目汇总表的期末余额栏的数据填列，或是按总账上相应数据填列，借方、贷方的合计数应相等。

③本期发生额栏。应按记账凭证汇总的数据填列，不应当根据一级科目账的发生额合计数填列，借方、贷方的合计数应相等。

④期末余额栏。应按照表上资料计算填列，不应当按账上的有关数据填列。

（2）总账的登记。“日期”按编制科目汇总表的日期登记，凭证字号以“汇”为“字”，按编号登记。例如，3月份科目汇总表的编号为3，则在总账的凭证字号栏写上“汇3”。摘要栏可以只写“汇总”二字，在登记金额时可以将借方、贷方的发生额登记在同一行上。

5.对账、结账、封账。

（1）对账。这里是指账账之间的核对。总账账户的期末余额应和所属二级明细账的期末余额之和相等，二级明细账的期末余额应和所属三级明细账的期末余额之和相等。

（2）结账。这里的结账是指月末或是年末在账簿上登记月计、累计数。

①凡是本月有发生额的账户都要进行结账。

②月计。月计是指月度终了，各账户要计算出本月的发生额合计和月末余额。在摘要栏写“月计”二字，把本月汇总的发生额分别登记在借方和贷方，并计算、登记期末余额。同时在这一行的上下两边各划一道通栏红线，以使其更加醒目。

③累计。为了提供时期性资料，部分账户要计算累计数，如主营业务收入、主营业务成本、销售费用、税金及附加、生产成本、制造费用、管理费用、财务费用、其他业务收入、其他业务成本、营业外收入、营业外支出等总账和明细账账户，都要计算到本月止的累计数。在摘要栏写“累计”二字，把到本月止的累计数分别登记在借方和贷方，并计算、登记期末余额。在这一行的下面划一道红线，以使其更加醒目。

（3）封账。

在每个账户的最后一行数据的下边划两道红线并在下一行摘要栏写“结转下年”字样以示封账。计算累计数的明细账、日记账账户，就在12月份累计行的下边加划一道红线，没有累计行的就在12月份的月计下边加划一道红线，12月份没有发生额的则在最后的一次月计下边加划一道红线。本年度没有发生额的，在期初余额下面划两道红线。

6.编制会计报表。

根据总账和明细账编制会计报表，本实验只编制资产负债表和利润表两张主要会计报表。下面按照本实验的内容说明如下：

（1）资产负债表。

“上年年末余额”按上期资产负债表填列，本实验未提供资料可省略不填，下面是按照本实验的情况对“期末余额”填列方法的说明。

①根据总分类账上各科目的期末余额填列。如：交易性金融资产、应收票据、短期借款、应付票据、应付职工薪酬、实收资本、盈余公积等。

另外，未分配利润项目根据“利润分配”科目的余额填列。

②根据几个总账科目余额相加之后填列。如：货币资金项目是根据“库存现金”“银行存款”两个科目余额之和填列。存货是根据“原材料”、“周转材料”、“库存商品”和“生产成本”等十几个科目余额之和填列。

③按明细账的余额方向汇总后分析填列。如：应收账款和应付账款的填列。

设总账余额如下（金额单位：元）：

应收账款　8 400.00　　应付账款　12 300.00

设明细账余额如下（金额单位：元）：

应收账款——水泥厂　借余　10 000.00　　应付账款——木模厂　贷余　15 000.00

应收账款——机械厂　贷余　1 600.00　　应付账款——铁厂　借余　2 700.00

填表数据（金额单位：元）：

应收账款　12 700.00（10 000.00+2 700.00）

应付账款　16 600.00（15 000.00+1 600.00）

检验：总账应收应付差额：　−3 900.00=8 400.00−12 300.00

填表数据差额：　−3 900.00=12 700.00−16 600.00

预付款项、预收款项也是如上计算后填列。

④按表内计算关系计算填列，如各类资产、负债、所有者权益合计的填列。

⑤以上所说余额都是指根据科目本来性质，余额应在方向的余额，若是余额在相反方向，则以负数填列。

⑥资产总计数和负债及所有者权益总计数应当相等，否则表明计算有误。

（2）利润表。

①营业收入为主营业务收入加上其他业务收入。

②营业成本为主营业务成本加上其他业务成本。

③投资收益是指投资净收益。按本期的发生额填列，贷方发生的投资收益减去借方发生的投资损失就是本期的投资净收益，相减结果若是负数，在表上也填负数。期末余额就是到本月止的累计数。

④税金及附加、销售费用、管理费用、财务费用、资产减值损失、营业外收入、营业外支出、所得税费用等按实际发生数填列。

7.填页数、写目录。

（1）在活页式账簿的右上方“本账页数”栏填写连续编号，即不分账户，从第一张账页开始编号，从1号开始编起，一直连续编下去，在最后一页还要注明本账一共多少页。“本户页数”即以一个账户为整体，从1号开始编。

（2）写目录时要写清明细科目，在目录表上按纵向排列，页数写本账页数。

8.装订记账凭证。

（1）记账凭证的整理。记账凭证一定要按凭证的种类分开，并且按顺序号从小到大排好，整理整齐。若有原始凭证或是表格大于记账凭证，要把四边折叠得和记账凭证齐平，并且保证在装订之后能顺利地打开。科目汇总表应放在记账凭证的最前面。

（2）装订。装订线不能露在外边。

（3）装订完成之后，在凭证的封面上填写有关栏目，主要有凭证种类和起止号码，应按如下内容填写：现收1-××号、现付1-××号、银收1-××号、银付1-××号、转1-××号。

9.编写实验报告。

（1）实验报告是在完成实验之后将实验过程、内容、心得、经验以及改进下次实验的建议向有关方面反映的书面文件。

（2）编写实验报告有如下意义：

①对实验进行总结，明确收获。

②锻炼写报告体裁的文章。

③为改进下次实验发表自己的看法。

④便于有关方面掌握实验的情况。

⑤为写实习报告、毕业论文打基础。

（3）封面格式如下：

会计实验报告 ××班　×××   年　月　日

（4）实验报告的一般格式如下：

正文格式：

基础会计综合实验报告 ××班　××× 正文（约1 000字）   报告日期　　　　年　月　日

主要内容：

①实验时间、地点、大体经过、内容。

②对实验进行总结：

A.会计整体认识方面；

B.理论与实际相结合方面；

C.增强技能方面；

D.成为合格会计人才方面。

③建议：

A.对实验内容、时间安排方面的建议；

B.对老师指导方面的建议；

C.其他建议。

（5）要求：

①正文的第一部分约200字。

②正文的第二部分不少于700字。

③正文的第三部分不少于100字。

总字数不少于1 000字，标点符号清楚，一天内完成。使用每页300字的稿纸。

10.评分办法。

（1）对核算部分的质量考核。

在一定时间内必须完成规定的进度，完不成进度的不得参加考核，质量考核以检查记账凭证、账簿、会计报表和提问的方法进行评分。有一处常识性的并且严重影响会计信息正确性，或是表明会计工作不慎重的错误扣5分，如转账凭证借贷方金额不平、总账和明细账不符合平行登记的要求、库存现金和银行存款内部周转业务编制的记账凭证不是付款凭证、账面有较严重的污染、记账凭证明显装订粗糙、对所提问题一无所知等。不规范的地方每种情况扣2分，若是普遍存在，每种情况最高可以扣5分。按百分制评分，在总成绩中占50%。

（2）对实验报告考核。

从质、量两方面考核。以内容和字数是否达到要求为主进行评分，抄袭的为零分。内容尚可，字数不足1 000字的扣10分，内容空洞的最高扣40分，格式不符合要求的最高扣10分，字迹明显潦草的最高扣10分。按百分制评分，在总成绩中占30%。

（3）对掌握的基本技能、能力考核。

对会计基本技能、能力以口试形式考核，抽选两题回答要点，两题回答基本正确或一题完全正确、另一题比基本正确稍差些的为及格。按百分制评分，在总成绩中占20%。

五、实验用原始凭证

附件 1-1

河北增值税专用发票

（全国统一发票监制章 河北 国家税务总局监制）

发票联

13001024300　　　　№ 00646642

校验码 58489 21127 26316 69702　　　　开票日期：2×21 年 12 月 1 日

购买方	名　　称：凤鑫市同利食品厂 纳税人识别号：13020185789236679L 地 址 、电 话：凤鑫市广建路 27 号 2456312 开户行及账号：工行广办 180021	密码区	>8+80>63676/+819*1386 加密版本：01 +348<>76<941>6/6/-009　1402595858 -8>1>/5<^+9_8786>3452　00995604

货物或应税劳务、服务名称	规格型号	单位	数　量	单　价	金　额	税率	税额
面粉		千克	1 000	1.68	1 680.00	13%	218.40
合　　计					¥1 680.00		¥218.40
价税合计（大写）	⊗壹仟捌佰玖拾捌元肆角整				（小写）¥1 898.40		

销售方	名　　称：凤鑫市面粉二厂 纳税人识别号：13020131757222287Q 地 址 、电 话：凤鑫市和平街 8 号 2908765 开户行及账号：工行和办 126578543	备注	（凤鑫市面粉二厂 13020131757222287Q 发票专用章）

收款人：刘生　　复核：黄河　　开票人：李云云　　销售方：（章）

第三联：发票联　购买方记账凭证

附件 1-2

中国工商银行（冀）

转账支票存根

10201320

08167401

附加信息________________

____

____

出票日期：2×21 年 12 月 1 日

收款人：	凤鑫市面粉二厂
金　额：	¥1 898.40
用　途：	购买面粉

单位主管：　　　会计：

附件 1-3

收　料　单

单位：凤鑫市面粉二厂　　　　2×21年12月1日　　　　第9001号

品　名	单　位	数　量	单　价	金　额（元）	用　途
面粉	千克	1 000	1.68	1 680.00	生产用
合 计	千克	1 000	¥1.68	¥1 680.00	

二、此联凭证下账

负责人：周岩　　　保管：李立明　　　会计：吴平　　　经手人：李春

附件 2-1

河北增值税专用发票

13001015300　　　此联不作报销、扣税凭证使用　　　№ 03638645

校验码 58989 24127 26316 69601　　　开票日期：2×21年12月2日

购买方	名　称：凤鑫市欣欣食品店 纳税人识别号：13020168889026653T 地 址 、电 话：凤鑫市东风路227号 5916578 开户行及账号：工行大办 384215	密码区	>7+70>63676/+819*1386 加密版本：01 +347<>76<941>6/6/-009　1402595858 -7>1>/5<^+9_8786>3452　00993604

货物或应税劳务、服务名称	规格型号	单位	数　量	单　价	金　额	税率	税额
面包		千克	250	3.00	750.00	13%	97.50
蛋糕		千克	200	4.80	960.00	13%	124.80
合　计					¥1 710.00		¥222.30
价税合计（大写）	⊗壹仟玖佰叁拾贰元叁角整					（小写）	¥1 932.30

销售方	名　称：凤鑫市同利食品厂 纳税人识别号：13020185789236679L 地 址 、电 话：凤鑫市广建路27号 2456312 开户行及账号：工行广办 180021	备注	凤鑫市同利食品厂 13020185789236679L 发票专用章

第一联：记账联　销售方记账凭证

收款人：刘丰　　　复核：段力　　　开票人：吴平　　　销售方：（章）

附件 2-2

出　库　单

单位：凤鑫市欣欣食品店　　　　2×21年12月2日　　　　第12001号

品　名	单　位	数　量	单　价	金　额	用　途
面包	千克	250			销售
蛋糕	千克	200			销售
合　计					

二、此联凭证下账

负责人：李燕萍　　　保管：刘春丽　　　会计：吴平　　　经手人：张明

附件 2-3

中国工商银行**进账单**（收账通知） 3

2×21 年 12 月 2 日

收款人	全　称	凤鑫市同利食品厂	付款人	全　称	凤鑫市欣欣食品店
	账号或住址	180021		账　号	384215
	开户银行	工行广办		开户银行	工行大办
金额	人民币（大写）	壹仟玖佰叁拾贰元叁角整			

千	百	十	万	千	百	十	元	角	分
			¥	1	9	3	2	3	0

票据种类	支票	中国工商银行 凤鑫市广场办事处 2×21.12.2 转讫
票据张数	壹	收款人开户银行盖章
单位 主管　会计　复核　记账		

此联是收款人开户行交给收款人的收账通知

附件 3-1

河北增值税专用发票

发　票　联

13001024100　　　　№ 00647642

校验码 58489 22227 26316 69702　　　　开票日期：2×21 年 12 月 2 日

购买方	名　　称：凤鑫市同利食品厂 纳税人识别号：13020185789236679L 地 址 、电 话：凤鑫市广建路 27 号 2456312 开户行及账号：工行广办 180021	密码区	>8+80>63676/+819*1386 加密版本：01 +348<>76<941>6/6/-009　1402595858 -8>1>/5<^+9_8786>3452　00995604

货物或应税劳务、服务名称	规格型号	单位	数　量	单　价	金　额	税率	税额
鸡蛋		千克	525	4.20	2 205.00	13%	286.65
合　　计					¥2 205.00		¥286.65
价税合计（大写）	⊗贰仟肆佰玖拾壹元陆角伍分				（小写）¥2 491.65		

销售方	名　　称：凤鑫市河东鸡场 纳税人识别号：13020168769054378N 地 址 、电 话：凤鑫市河东路 78 号 2908624 开户行及账号：工行和办 126578097865	备注	凤鑫市河东鸡场 13020168769054378N 发票专用章

收款人：　　复核：黄江　　开票人：王明明　　销售方：（章）

第三联：发票联　购买方记账凭证

附件 3-2

收料单

单位：凤鑫市河东鸡场　　2×21年12月2日　　第9002号

品名	单位	数量	单价	金额（元）	用途
鸡蛋	千克	525	4.20	2 205.00	生产用
合计				¥2 205.00	

二、此联凭证下账

负责人：周岩　　保管：李立明　　会计：吴平　　经手人：李春

附件 4-1

河北增值税专用发票

发票联

13001024300　　№ 00646628

校验码 46489 21127 26316 69702　　开票日期：2×21年12月3日

（印章：全国统一发票监制章 河北 国家税务总局监制）

购买方	
名称	凤鑫市同利食品厂
纳税人识别号	13020185789236679L
地址、电话	凤鑫市广建路27号 2456312
开户行及账号	工行广办 180021

密码区：
>0+60>63676/+819*1386：017890
+348<>76<941>6/6/-0098+908766
1402595858<>76<941>6*0231523
-8>1>/5<^+9_8786>3452　00995604

货物或应税劳务、服务名称	规格型号	单位	数量	单价	金额	税率	税额
酵母		千克	5	30.09	150.44	13%	19.56
奶油		千克	35	5.49	192.04	13%	24.96
食用油		千克	120	3.45	414.16	13%	53.84
白糖		千克	80	1.98	158.58	13%	20.62
合计					¥915.22		¥118.98
价税合计（大写）	⊗壹仟零叁拾肆元贰角整					（小写）	¥1 034.20

销售方	
名称	凤鑫市绿宝贸易公司
纳税人识别号	130201317579867537N
地址、电话	凤鑫市里平街7号 29987659
开户行及账号	工行里平办 1265789543216358749

备注：（印章：凤鑫市绿宝贸易公司 130201317579867537N 发票专用章）

第三联：发票联 购买方记账凭证

收款人：刘顺　　复核：黄星　　开票人：李云　　销售方：（章）

附件 4-2

中国工商银行（冀）
转账支票存根
10201320
08167402

附加信息＿＿＿＿＿＿

出票日期：2×21年12月3日

收款人：	凤鑫市绿宝贸易公司
金额：	¥1 034.20
用途：	购买原料

单位主管：　　会计：

附件 4-3

收　料　单

单位：凤鑫市绿宝贸易公司　　　　2×21年12月3日　　　　第9003号

品　名	单　位	数　量	单　价	金　额（元）	用　途
酵母	千克	5	34.00	170.00	生产用
奶油	千克	35	6.20	217.00	生产用
食用油	千克	120	3.90	468.00	生产用
白糖	千克	80	2.24	179.20	生产用
合计				¥1 034.20	

二、此联凭证下账

负责人：周岩　　　保管：李立明　　　会计：吴平　　　经手人：李春

附件 5-1

河北增值税普通发票

13001025309　　　　发　票　联　　　　№ 00646690

校验码 46489 21127 26316 69825　　　　开票日期：2×21年12月3日

购买方	名　　称：凤鑫市同利食品厂 纳税人识别号：13020185789236679L 地址、电话：凤鑫市广建路27号 2456312 开户行及账号：工行广办180021	密码区	v+60>63676/+819*1386：017890 +348<>76<941>6/6/-0098+908766 1402595858<>76<941>6*0231523 -8>1>/5<^+9_8786>345568792143

货物或应税劳务、服务名称	规格型号	单位	数　量	单　价	金　额	税率	税额
入库单		本	10	0.78	7.77	3%	0.23
收料单		本	20	0.97	19.42	3%	0.58
收、付、转凭证		本	30	1.75	52.43	3%	1.57
总账		本	2	6.99	13.98	3%	0.42
合　　计					¥93.60		¥2.80
价税合计（大写）	⊗玖拾陆元肆角整				（小写）¥96.40		

销售方	名　　称：凤鑫市光大会计用品商店 纳税人识别号：130201317579867845P 地址、电话：凤鑫市大力街7号 29987659 开户行及账号：工行大力办1265789543216375894	备注	

第三联：发票联　购买方记账凭证

收款人：刘进　　　复核：王星　　　开票人：李梦　　　销售方：（章）

附件 6-1

河北省统一收款收据（第三联）

2×21年12月7日

支款单位	凤鑫市同利食品厂	支付方式	现　金
人民币（大写）	壹佰元整		¥100.00
收款事由	修理面包炉	经办 部门	
		经办 人员	
上记款项照数收讫无误 收款单位财务专用章		会计主管：张先 稽核员： 出纳员：黎明 缴款人：王文	

此联给交款单位

附件 7-1

河北增值税专用发票

13001024364　　此联不作报销、扣税凭证使用　　№ 00646754

校验码 46489 21127 26316 68524　　开票日期：2×21 年 12 月 8 日

购买方	名　　称：刘万春 纳税人识别号： 地 址 、电 话：凤鑫市建设路 15 号 2456857 开户行及账号：			密码区	09+60>63676/+819*1386：017890 +348<>76<941>6/6/-0098+908766 1402595858<>76<941>6*0231523 -8>1>/5<^+9_8786>378956871230		
货物或应税劳务、服务名称	规格型号	单位	数　量	单　价	金　额	税率	税额
面包		千克	150	3.00	450.00	13%	58.50
蛋糕		千克	170	4.80	816.00	13%	106.08
合　　计					¥1 266.00		¥164.58
价税合计（大写）	⊗壹仟肆佰叁拾元伍角捌分					（小写）¥ 1 430.58	
销售方	名　　称：凤鑫市同利食品厂 纳税人识别号：13020185789236679L 地 址 、电 话：凤鑫市广建路 27 号 2456312 开户行及账号：工行广办 180021			备注	凤鑫市同利食品厂 13020185789236679L 发票专用章		

收款人：刘丰　　复核：段力　　开票人：吴平　　销售方：（章）

第一联：记账联　销售方记账凭证

附件 7-2

出　库　单

单位：刘万春　　2×21 年 12 月 8 日　　第 12002 号

品　名	单　位	数　量	单　价	金　额	用　途
面包	千克	150			销售
蛋糕	千克	170			销售
合　计					

负责人：李燕萍　　保管：刘春丽　　会计：吴平　　经手人：张明

二、此联凭证下账

附件 8-1

中国工商银行**现金交款单**（回单）

2×21 年 12 月 8 日

交款单位	凤鑫市同利食品厂	开户银行	工行广办
交款部门及事由	销售款	账　号	180021

人民币（大写）	千	百	十	万	千	百	十	元	角	分
壹仟肆佰叁拾元伍角捌分				¥	1	4	3	0	5	8

券别数额	佰元	伍拾元	贰拾元	拾元	伍元	壹元	伍角	贰角	壹角	伍分	贰分	壹分	合计金额	收款银行盖章
整把券														中国工商银行 凤鑫市广场办事处 2×21.12.8 现讫
零张券	14			3			1			1	1	1	1 430.58	
合　计	14			3			1			1	1	1	¥ 1 430.58	

收款复核：林岚　　收款员：楚云

第一联：退交款单位

附件 9-1

河北增值税专用发票

13001014100　　发 票 联　　№ 00547642

校验码 58559 22227 26316 69702　　开票日期：2×21年12月10日

购买方	名　　称：凤鑫市同利食品厂 纳税人识别号：13020185789236679L 地 址 、电 话：凤鑫市广建路27号 2456312 开户行及账号：工行广办 180021			密码区	>8+10>63676/+819*1386 加密版本：01 +318<>76<941>6/6/-009　1402595858 -6>1>/5<^+9_8786>3452　00995604		
货物或应税劳务、服务名称	规格型号	单位	数　量	单　价	金　额	税率	税额
肥皂		块	100	0.70	70.00	13%	9.10
毛巾		条	45	2.00	90.00	13%	11.70
合　　计					¥160.00		¥20.80
价税合计（大写）	⊗壹佰捌拾元捌角整					（小写）¥180.80	
销售方	名　　称：青龙劳保用品商店 纳税人识别号：13020268769054393B 地 址 、电 话：凤鑫市鼓楼街12号 2925624 开户行及账号：工行鼓办 2467415			备注	青龙劳保用品商店 13020268769054393B 发票专用章		

第三联：发票联　购买方记账凭证

收款人：张生　　复核：冯江　　开票人：陈东　　销售方：（章）

附件 9-2

中国工商银行（冀）
转账支票存根
10201320
08167403

附加信息＿＿＿＿＿＿

出票日期：2×21年12月10日

收款人：	青龙劳保用品商店
金　额：	¥180.80
用　途：	购买劳保用品

单位主管：　　会计：

附件 9-3

劳保用品领用表

2×21 年 12 月 10 日

领用单位	肥　皂	毛　巾	签　字
面包车间	50 块	23 条	张文
蛋糕车间	50 块	22 条	陈光

制表：刘汉生　　　　经手人：王伟

附件 10-1

差旅费报销单

附原始单据：3 张　　　　2×21 年 12 月 12 日

出差人姓名：吴林　　　　出差事由及天数：去北京开会 2 天

月	日	时	车种	车次	起点	月	日	时	终点	车船费	夜间乘车补助		途中补助		住勤补助		市内交通	旅馆费	其他	小计
											标准	金额	天数	金额	天数	金额				
12	11		火车		凤鑫	12	11		北京	50								150		200
12	12		火车		北京	12	12		凤鑫	50			2	50						100

金额合计（大 写）：叁佰元整　　　　合计（小写）：¥300.00

领导批示：魏东　　　　财务审核意见：陈波　　　　部门负责人：周岩　　　　报销人：吴林

附件 11-1

中国工商银行（冀）
转账支票存根
10201320
01916740

附加信息________________

____

____

出票日期：2×21 年 12 月 14 日

收款人：	*凤鑫市同利食品厂*
金　额：	*¥6 760.00*
用　途：	*提现备发工资*

单位主管：　　　　会计：

附件 12-1

工资结算汇总表

2×21 年 *12* 月

部门名称	基本工资	津　贴	奖　金	合　计	签　名
管理部门	*1 110.00*	*440.00*	*510.00*	*2 060.00*	*李洋*
蛋糕车间	*1 050.00*	*560.00*	*500.00*	*2 110.00*	*王保*
面包车间	*1 250.00*	*720.00*	*620.00*	*2 590.00*	*张生*
合　计	*3 410.00*	*1 720.00*	*1 630.00*	*6 760.00*	

制表：*吴平*

附件 13-1

河北增值税普通发票

发票联

13001024309　　　　№ 00646586

校验码 46489 21127 26316 62612　　　　开票日期：2×21 年 12 月 17 日

购买方	名　　称：*凤鑫市同利食品厂* 纳税人识别号：*13020185789236679L* 地 址 、电 话：*凤鑫市广建路 27 号 2456312* 开户行及账号：*工行广办 180021*
密码区	89760>63676/+819*1386：017890 +348<>76<941>6/6/-0098+908766 1402595858<>76<941>6*0231523 -8>1>/5<^+9_8786>870003215600

货物或应税劳务、服务名称	规格型号	单位	数　量	单　价	金　额	税率	税额
XL-124 打蛋机		*台*	*1*	*1 769.91*	*1 769.91*	*13%*	*230.09*
合　　计					*¥1 769.91*		*¥230.09*
价税合计（大写）	⊗*贰仟元整*					（小写）	*¥ 2 000.00*

销售方	名　　称：*凤鑫市机器设备厂* 纳税人识别号：*130201317579868678M* 地 址 、电 话：*凤鑫市洪顺街 7 号 29987659* 开户行及账号：*工行宏宇办 1265789543216385698*
备注	

收款人：*李顺*　　　复核：*黄明*　　　开票人：*李春*　　　销售方：（章）

第三联：发票联　购买方记账凭证

附件 13-2

中国工商银行（冀）
转账支票存根
10201320
08167404

附加信息________________

出票日期：2×21 年 12 月 17 日

收款人：	凤鑫市机器设备厂
金　额：	¥2 000.00
用　途：	购打蛋机

单位主管：　　　　会计：

附件 13-3

固定资产交接单

2×21 年 12 月 17 日

固定资产名　称	规格型号	单　位	数　量	预计使用年　限	实际或重置价值	已提折旧	备　注
打蛋机	XL-124	台	1	5	2 000.00		购入全新机器

购建部门：凤鑫市机器设备厂　　使用部门：蛋糕车间　　财会部门：刘婕

附件 14-1

收入凭单

2×21 年 12 月 18 日

今收到　永红商场

交　来　罚款

人民币（大写）　伍佰元整　　¥500.00

交款人：雷行　　收款人：刘丰

（印章：凤鑫市同利食品厂 财务专用章）

第三联：记账联

附件 15-1

职工困难补助申请表

2×21 年 12 月 19 日　　　　　　　　　　编号：930012

<table>
<tr><td colspan="2">姓　名</td><td>范永江</td><td>性别</td><td>男</td><td>年龄</td><td>56</td><td>现住址</td><td colspan="2">凤鑫市建设路 61 号</td></tr>
<tr><td>全家
人口</td><td>4 人</td><td>本人工资
收入</td><td colspan="2">800 元</td><td>家属本月
收入</td><td colspan="2">无</td><td>平　均
生活费</td><td>200 元</td></tr>
<tr><td colspan="2">申请补助
详细理由</td><td>本人工资收入低，家属无劳动能力，故申请一年 2 400 元补助，望批准</td><td colspan="2">申请
金额</td><td>每月
200 元</td><td colspan="2">盖章或签字</td><td colspan="2">范永江</td></tr>
<tr><td colspan="3">生活委员会批准意见</td><td colspan="3">车间意见</td><td colspan="2">班组意见</td><td colspan="2">收到职工困难补助金</td></tr>
<tr><td colspan="3">同　　意</td><td colspan="3">同　　意</td><td colspan="2">同　　意</td><td colspan="2">人民币（大写）
贰佰元整
领取人盖章</td></tr>
</table>

附件 16-1

中国工商银行（冀）

转账支票存根

10201320

08167405

附加信息＿＿＿＿＿＿＿＿＿＿＿＿＿＿＿＿

出票日期：2×21 年 12 月 24 日

<table>
<tr><td>收款人：林香斋饭店</td></tr>
<tr><td>金　额：¥300.00</td></tr>
<tr><td>用　途：招待费</td></tr>
</table>

单位主管：　　　　会计：

附件 16-2

河北增值税普通发票

发 票 联

13001024568 №00646856

校验码 46489 21127 26316 65623 开票日期：2×21年12月24日

购买方	名 称：凤鑫市同利食品厂 纳税人识别号：13020185789236679L 地 址 、电 话：凤鑫市广建路27号 2456312 开户行及账号：工行广办180021			密码区	85460>63676/+819*1386：017890 +348<>76<941>6/6/-0098+908766 1402595858<>76<941>6*0231523 -8>1>/5<^+9_8786>111133322255		
货物或应税劳务、服务名称	规格型号	单位	数 量	单 价	金 额	税率	税额
餐费			1	291.26	291.26	3%	8.74
合 计					¥291.26		¥8.74
价税合计（大写）	⊗叁佰元整						（小写）¥300.00
销售方	名 称：凤鑫市林香斋饭店 纳税人识别号：130201317579867854P 地 址 、电 话：凤鑫市和顺街6号 29987659 开户行及账号：工行春顺办1265789543216352541			备注	凤鑫市林香斋饭店 130201317579867854P 发票专用章		

收款人：刘广 复核：黄利 开票人：李村 销售方：（章）

第三联：发票联 购买方记账凭证

附件 17-1

中国工商银行空白凭证领用单

2×21年12月25日

第 号

科目（借）： 对方科目（贷）：

户名：凤鑫市同利食品厂 账号：180021

凭证种类			数 量	单 价	金 额
页（份）数	名 称	号码			
	现金支票		25	2.00	50.00
	转账支票		25	2.00	50.00
合 计	人民币（大写）壹佰元整				¥100.00

中国工商银行凤鑫市广场办事处 2×21.12.25 现讫

第三联 作工本费收据

附件 18-1

公路货运收费结算凭证

2×21年12月26日

托运单位	凤鑫市同利食品厂		收货单位	百货公司	电 话	3413611
装货地点	华岩路厂内		承运单位		协议合同	
卸货地点	广建路厂内		计量单位		计费里程	
货物名称	件数	包装	托运重量	计费重量	每吨单价	金 额
食品						500.00
合计人民币（大写）伍佰元整						¥500.00

凤鑫市货物运输站 12330032015478565Y 发票专用章

制票单位： 制票人：柳辉 复核：袁立 收费章：

二、发票联

附件 18-2

中国工商银行（冀） 转账支票存根 10201320 08167406
附加信息________________
出票日期：2×21 年 12 月 26 日
收款人：凤鑫市货物运输站
金　额：¥500.00
用　途：运费
单位主管：　　　　会计：

附件 19-1

河北增值税专用发票

13001021234　　　　此联不作报销、扣税凭证使用　　　　№ 00646857

校验码 46489 21127 26316 56489　　　　开票日期：2×21 年 12 月 26 日

购买方	名　　称：凤鑫市红旗食品店 纳税人识别号：13020185789235648Y 地 址 、电 话：凤鑫市大明路 12 号 2456858 开户行及账号：工行站前办 156097			密码区	-0960>63676/+819*1386：017890 +348<>76<941>6/6/-0098+908766 1402595858<>76<941>6*0231523 -8>1>/5<^+9_8786>+-5874333666		
货物或应税劳务、服务名称	规格型号	单位	数　量	单　价	金　额	税率	税额
面粉		千克	200	1.71	341.88	13%	44.44
合　　计					¥341.88		¥44.44
价税合计（大写）	⊗叁佰捌拾陆元叁角贰分					（小写）¥ 386.32	
销售方	名　　称：凤鑫市同利食品厂 纳税人识别号：13020185789236679L 地 址 、电 话：凤鑫市广建路 27 号 2456312 开户行及账号：工行广办 180021			备注	凤鑫市同利食品厂 13020185789236679L 发票专用章		

收款人：刘丰　　　复核：段力　　　开票人：吴平　　　销售方：（章）

第一联：记账联　销售方记账凭证

附件 19-2

中国工商银行**进账单**（收账通知） 3

2×21年12月26日

收款人	全　称	凤鑫市同利食品厂		付款人	全　称	凤鑫市红旗食品店									
	账号或住址	180021			账　号	156097									
	开户银行	工行广办			开户银行	工行站前办									
金额	人民币（大写）	叁佰捌拾陆元叁角贰分				千	百	十	万	千	百	十	元	角	分
										¥	3	8	6	3	2
票据种类		支票													
票据张数		壹													
单位主管　会计　复核　记账				中国工商银行凤鑫市广场办事处 2×21.12.26 转讫					收款人开户银行盖章						

此联是收款人开户行交给收款人的收账通知

附件 19-3

出　库　单

单位：　　2×21年12月26日　　第12003号

品　名	单　位	数　量	单　价	金　额	用　途
面粉	千克	200			销售
合　计					

二、此联凭证下账

负责人：李燕萍　　保管：刘春丽　　会计：吴平　　经手人：张明

附件 20-1

河北省罚没财物统一收据

日期：2×21年12月26日　　№2413675

单　　位	凤鑫市同利食品厂	地　址	广建路27号										
罚没原因	司机违章												
金　　额（大写）	壹佰元整			千	百	十	万	千	百	十	元	角	分
								¥	1	0	0	0	0
实　　物（品名）													
执法机关或经办单位	凤鑫市公安交通警察大队 45890032011474056N 发票专用章	经办人	（章）			收款人	李利（章）						

第二联：收据

附件 21-1

河北增值税专用发票

13001015300 此联不作报销、扣税凭证使用 № 03638646

校验码 58989 30127 26316 69601 开票日期：2×21 年 12 月 29 日

购买方	名　　称：凤鑫市华茂食品店 纳税人识别号：13020368889026677L 地 址 、 电 话：凤鑫市东胜路 27 号 2451698 开户行及账号：工行翡门办 384215	密码区	>7+70>63676/+819*1386 加密版本：01 +347<>76<941>6/6/-009 1402595858 -7>1>/5<^+9_8786>3452 00993604

货物或应税劳务、服务名称	规格型号	单位	数　量	单　价	金　额	税率	税额
面包		千克	3 200	3.00	9 600.00	13%	1 248.00
蛋糕		千克	1 230	4.80	5 904.00	13%	767.52
合　计					¥15 504.00		¥2 015.52
价税合计（大写）	⊗壹万柒仟伍佰壹拾玖元伍角贰分					（小写）	¥ 17 519.52

销售方	名　　称：凤鑫市同利食品厂 纳税人识别号：13020185789236679L 地 址 、 电 话：凤鑫市广建路 27 号 2456312 开户行及账号：工行广办 180021	备注	凤鑫市同利食品厂 13020185789236679L 发票专用章

收款人： 复核：段力 开票人：吴平 销售方：（章）

第一联：记账联 销售方记账凭证

附件 21-2

出　库　单

单位：凤鑫市华茂食品店 2×21 年 12 月 29 日 第 12004 号

品　名	单　位	数　量	单　价	金　额	用　途
面包	千克	3 200			销售
蛋糕	千克	1 230			销售
合　计					

负责人：李燕萍 保管：刘春丽 会计：吴平 经手人：张明

二、此联凭证下账

附件 22-1

河北增值税专用发票

发　票　联

13001015300　　　　　　　　　　　　№ 03638632

校验码 56989 30127 24316 69601　　　　　　　　开票日期：2×21 年 12 月 30 日

购买方	名　　称：凤鑫市同利食品厂 纳税人识别号：13020185789236679L 地 址 、 电 话：凤鑫市广建路 27 号 2456312 开户行及账号：工行广办 180021	密码区	>8+11>63676/+819*1386 加密版本：01 +318<>76<945>6/6/-009　1402595858 -6>1>/5<^+9_8756>3452　00995604

货物或应税劳务、服务名称	规格型号	单位	数　量	单　价	金　额	税率	税额
12 月水费		吨	1 800	0.10	180.00	9%	16.20
合　计					¥180.00		¥16.20
价税合计（大写）	⊗壹佰玖拾陆元贰角整						（小写）¥ 196.20

销售方	名　　称：凤鑫市自来水公司 纳税人识别号：13020167690543112N 地 址 、 电 话：凤鑫市大东街 12 号 2901624 开户行及账号：工行东办 209641	备注	凤鑫市自来水公司 13020167690543112N 发票专用章

收款人：李春波　　　复核：冯然　　　开票人：蒋清　　　销售方：（章）

第三联：发票联　购买方记账凭证

附件 22-2

中国工商银行（冀）

转账支票存根

10201320

08167407

附加信息＿＿＿＿＿＿＿＿＿＿＿＿

出票日期：2×21 年 12 月 30 日

收款人：	凤鑫市自来水公司
金　额：	¥196.20
用　途：	水费

单位主管：　　　　会计：

附件 22-3

水费分配表

2×21 年 12 月　　　　　　　　　　　　　　金额单位：元

项　目	单　位	耗用量	单　价	金　额	备　注
面包车间	吨	800	0.1	80.00	
蛋糕车间	吨	700	0.1	70.00	
厂　　部	吨	300	0.1	30.00	
合　计		1 800	0.1	¥180.00	

制表：陈致

附件 23-1

河北增值税专用发票

发　票　联

13001015100　　　　　　　　　　　　№ 03637632

校验码 56549 30127 24316 69601　　　　开票日期：2×21 年 12 月 30 日

购买方	名　　称：凤鑫市同利食品厂 纳税人识别号：13020185789236679L 地 址 、电 话：凤鑫市广建路 27 号 2456312 开户行及账号：工行广办 180021	密码区	>8+11>63675/+819*1386 加密版本：01 +318<>76<945>6/4/-009　1402595858 -6>1>/5<^+9_8751>3452　00995604

货物或应税劳务、服务名称	规格型号	单位	数　量	单　价	金　额	税率	税额
12 月电费		度	1 728	0.20	345.60	13%	44.93
合　　计					¥345.60		¥44.93
价税合计（大写）	⊗叁佰玖拾元伍角叁分					（小写）	¥ 390.53

销售方	名　　称：凤鑫市电业局 纳税人识别号：13020147659054379Q 地 址 、电 话：凤鑫市大西街 12 号 2781624 开户行及账号：工行西办 254341	备注	凤鑫市电业局 13020147659054379Q 发票专用章

收款人：李小波　　复核：刘然然　　开票人：刘磊　　销售方：（章）

第三联：发票联　购买方记账凭证

附件 23-2

中国工商银行（冀）
转账支票存根
10201320
08167408

附加信息________________________

出票日期：2×21年12月30日

收款人：	凤鑫市电业局
金　额：	¥390.53
用　途：	电费

单位主管：　　　　会计：

附件 23-3

电费分配表

2×21年12月　　　　金额单位：元

项　目	单　位	耗用量	单　价	金　额	备　注
面包车间	度	670	0.20	134.00	
蛋糕车间	度	958	0.20	191.60	
厂　部	度	100	0.20	20.00	
合　计		1 728	0.20	¥345.60	

制表：陈致

附件 24-1

领　料　单

领料单位：面包车间　　　2×21年12月1日　　　编号：1051

类　别	品　名	单　位	数　量	单　价	金　额	用　途
原材料	面粉	千克	500			生产用
原材料	奶油	千克	12.50			生产用
原材料	鸡蛋	千克	125			生产用

部门主管：杨光　　领料：张进　　发料：李立明　　制单：张文

附件24-2

领　料　单

领料单位：面包车间　　　　2×21年12月1日　　　　编号：1052

类　别	品　名	单　位	数　量	单　价	金　额	用　途
原材料	白糖	千克	50			生产用
原材料	食用油	千克	50			生产用
原材料	酵母	千克	2.50			生产用

部门主管：杨光　　　　领料：张进　　　　发料：李立明　　　　制单：张文

附件24-3

领　料　单

领料单位：蛋糕车间　　　　2×21年12月1日　　　　编号：1053

类　别	品　名	单　位	数　量	单　价	金　额	用　途
原材料	面粉	千克	250			生产用
原材料	奶油	千克	12.50			生产用
原材料	鸡蛋	千克	125			生产用

部门主管：杨明辉　　　　领料：张力　　　　发料：李立明　　　　制单：黄春明

附件24-4

领　料　单

领料单位：蛋糕车间　　　　2×21年12月1日　　　　编号：1054

类　别	品　名	单　位	数　量	单　价	金　额	用　途
原材料	白糖	千克	50			生产用
原材料	食用油	千克	50			生产用
原材料	酵母	千克	2.50			生产用

部门主管：杨明辉　　　　领料：张力　　　　发料：李立明　　　　制单：黄春明

附件24-5

领　料　单

领料单位：面包车间　　　　2×21年12月15日　　　　编号：1055

类　别	品　名	单　位	数　量	单　价	金　额	用　途
原材料	面粉	千克	500			生产用
原材料	奶油	千克	12.50			生产用
原材料	鸡蛋	千克	125			生产用

部门主管：杨光　　　　领料：张进　　　　发料：李立明　　　　制单：张文

附件24-6

领　料　单

领料单位：面包车间　　　　2×21年12月15日　　　　编号：1056

类　别	品　名	单　位	数　量	单　价	金　额	用　途
原材料	白糖	千克	50			生产用
原材料	食用油	千克	50			生产用
原材料	酵母	千克	2.50			生产用

部门主管：杨光　　　　领料：张进　　　　发料：李立明　　　　制单：张文

附件24-7

领　料　单

领料单位：蛋糕车间　　　　2×21年12月15日　　　　编号：1057

类　别	品　名	单　位	数　量	单　价	金　额	用　途
原材料	面粉	千克	250			生产用
原材料	奶油	千克	12.50			生产用
原材料	鸡蛋	千克	125			生产用

部门主管：杨明辉　　　　领料：张力　　　　发料：李立明　　　　制单：黄春明

附件24-8

领　料　单

领料单位：蛋糕车间　　　　2×21年12月15日　　　　编号：1058

类　别	品　名	单　位	数　量	单　价	金　额	用　途
原材料	白糖	千克	50			生产用
原材料	食用油	千克	50			生产用
原材料	酵母	千克	2.50			生产用

部门主管：杨明辉　　　　领料：张力　　　　发料：李立明　　　　制单：黄春明

附件24-9

发出材料汇总表

2×21年12月31日　　　　金额单位：元

材料名称	单价	面包车间		蛋糕车间		合计	
		数量（千克）	金额	数量（千克）	金额	数量（千克）	金额
面粉							
奶油							
鸡蛋							
白糖							
食用油							
酵母							
合计							

附件　张

复核：钱辉　　　　制表：吴平

附件25-1

工资结算汇总表

2×21年12月　　　　单位：元

部门名称	生产工人工资	管理人员工资	合计
面包车间	1 930.00	660.00	2 590.00
蛋糕车间	1 750.00	360.00	2 110.00
厂部		1 560.00	1 560.00
销售部		500.00	500.00
合计	¥3 680.00	¥3 080.00	¥6 760.00

复核：钱辉　　　　制表：吴平

附件 26-1

中国工商银行（冀）
转账支票存根
10201320
08167409

附加信息________________________

____

____

出票日期：2×21 年 12 月 31 日

收款人：	凤鑫市商贸公司
金　额：	¥946.40
用　途：	其他费用

单位主管：　　　　会计：

附件 26-2

其他费用支出表

单位：元

支出单位	金　额	支出单位	金　额
生产成本——面包车间	270.20	管理费用	218.40
——蛋糕车间	245.00	销售费用	70.00
制造费用——面包车间	92.40		
——蛋糕车间	50.40		

附件 27-1

固定资产折旧计算表

2×21 年 12 月

金额单位：元

固定资产名称	使用部门	数量	每年折旧额的计算					月折旧额	本月计提折旧额
			原值	净残值	预计使用年限	年折旧率	年折旧额		
面包炉	面包车间	5 台	30 000.00	—	10	10%	3 000.00	250.00	250.00
蛋糕机	蛋糕车间	3 台	12 000.00	—	10	10%	1 200.00	100.00	100.00
厂　房	面包车间	1 座	24 000.00	—	10	10%	2 400.00	200.00	200.00
	蛋糕车间	1 座	24 000.00	—	10	10%	2 400.00	200.00	200.00
	厂　部	1 座	6 000.00	—	10	10%	600.00	50.00	50.00
合　计		—	¥96 000.00	—	—	—	—	¥800.00	¥800.00

制表：吴平

附件 28-1

制造费用分配表

2×21年12月　　　　单位：元

分配项目	应借科目	应分配金额
面包车间制造费用	生产成本——面包车间	
蛋糕车间制造费用	生产成本——蛋糕车间	
合　计		

制表：吴平

附件 29-1

生产成本计算表

2×21年12月　　　　金额单位：元

产品名称	单　位	产　量	单位成本	总成本
面包	千克	3 600	2.00	7 200.00
蛋糕	千克	1 600	3.50	5 600.00
合　计				¥12 800.00

制表：吴平

附件 30-1

产品销售成本计算表

2×21年12月　　　　金额单位：元

产品名称	期初结存			本期生产			本期售出		
	数量（千克）	单价	金额	数量（千克）	单价	金额	数量（千克）	单价	金额
面包									
蛋糕									
合　计									

制表：吴平

附件 33-1

所得税费用计算表

2×21 年 12 月 31 日　　　　　　　　单位：元

项　　目	金　　额
主营业务收入	
减：主营业务成本	
销售费用	
管理费用	
财务费用	
加：其他业务收入	
减：其他业务成本	
加：营业外收入	
减：营业外支出	
利润总额	
所得税费用（25%）	

附件36-1

科目汇总表

年　　月　　日　　　　编号：　　　　单位：

会计科目	期初余额		本期发生额		期末余额	
	借　方	贷　方	借　方	贷　方	借　方	贷　方

续表

会计科目	期初余额		本期发生额		期末余额	
	借　方	贷　方	借　方	贷　方	借　方	贷　方
合　计						

制表：

附件 37-1

资产负债表

会企 01 表

编制单位：　　　　　　　　　　　　年　　月　　日　　　　　　　　　　　　单位：元

资　　产	期末余额	上年年末余额	负债和所有者权益（或股东权益）	期末余额	上年年末余额
流动资产：			流动负债：		
货币资金			短期借款		
交易性金融资产			交易性金融负债		
衍生金融资产			衍生金融负债		
应收票据			应付票据		
应收账款			应付账款		
应收款项融资			预收款项		
预付款项			合同负债		
其他应收款			应付职工薪酬		
存货			应交税费		
合同资产			其他应付款		
持有待售资产			持有待售负债		
一年内到期的非流动资产			一年内到期的非流动负债		
其他流动资产			其他流动负债		
流动资产合计			流动负债合计		
非流动资产：			非流动负债：		
债权投资			长期借款		
其他债权投资			应付债券		
长期应收款			其中：优先股		
长期股权投资			永续债		
其他权益工具投资			租赁负债		
其他非流动金融资产			长期应付款		
投资性房地产			预计负债		
固定资产			递延收益		
在建工程			递延所得税负债		
生产性生物资产			其他非流动负债		
油气资产			非流动负债合计		
使用权资产			负债合计		
无形资产			所有者权益（或股东权益）：		
开发支出			实收资本（或股本）		
商誉			其他权益工具		
长期待摊费用			其中：优先股		
递延所得税资产			永续债		
其他非流动资产			资本公积		
非流动资产合计			减：库存股		
			其他综合收益		
			专项储备		
			盈余公积		
			未分配利润		
			所有者权益（或股东权益）合计		
资产总计			负债和所有者权益（或股东权益）总计		

附件37-2

利润表

会企02表

编制单位：　　　　　　　　　　年　　月　　　　　　　　　　单位：元

项　　目	本期金额	上期金额
一、营业收入		
减：营业成本		
税金及附加		
销售费用		
管理费用		
研发费用		
财务费用		
其中：利息费用		
利息收入		
加：其他收益		
投资收益（损失以“-”号填列）		
其中：对联营企业和合营企业的投资收益		
以摊余成本计量的金融资产终止确认收益（损失以“-”号填列）		
净敞口套期收益（损失以“-”号填列）		
公允价值变动收益（损失以“-”号填列）		
信用减值损失（损失以“-”号填列）		
资产减值损失（损失以“-”号填列）		
资产处置收益（损失以“-”号填列）		
二、营业利润（亏损以“-”号填列）		
加：营业外收入		
减：营业外支出		
三、利润总额（亏损总额以“-”号填列）		
减：所得税费用		
四、净利润（净亏损以“-”号填列）		
（一）持续经营净利润（净亏损以“-”号填列）		
（二）终止经营净利润（净亏损以“-”号填列）		
五、其他综合收益的税后净额		
（一）不能重分类进损益的其他综合收益		
1.重新计量设定受益计划变动额		
2.权益法下不能转损益的其他综合收益		
3.其他权益工具投资公允价值变动		
4.企业自身信用风险公允价值变动		
……		
（二）将重分类进损益的其他综合收益		
1.权益法下可转损益的其他综合收益		
2.其他债权投资公允价值变动		
3.金融资产重分类计入其他综合收益的金额		
4.其他债权投资信用减值准备		
5.现金流量套期储备		
6.外币财务报表折算差额		
……		
六、综合收益总额		
七、每股收益：		
（一）基本每股收益		
（二）稀释每股收益		

六、实验用品表

项数	名　　称	单位	数量	备　　注
1	收款凭证	张	4	通用格式
2	付款凭证	张	18	通用格式
3	转账凭证	张	18	通用格式
4	账簿启用及交接记录	张	4	正面为交接记录，背面为目录
5	总分类账页	张	14	通用格式，每页25行
6	库存现金日记账页	张	1	通用格式，每页22行
7	银行存款日记账页	张	1	通用格式，每页22行
8	三栏式账页	张	17	通用格式，每页20行
9	数量金额式账页	张	12	通用格式，每页20行
10	多栏式账页	张	7	通用格式，每页20行
11	固定资产明细账账页	张	2	通用格式，每页17行
12	增值税明细账账页	张	2	通用格式，每页18行
13	账夹	付	1	通用16开账夹
14	鞋带	根	1	
15	凭证封皮	张	1	
16	口取纸	张	5	本实验只给出5张做示范
17	线绳	根	1	装订凭证用
18	锥子	把	若干	装订凭证用，共用
19	胶水，蓝、黑、红钢笔	瓶/支	各1	自带
20	算盘或计算器	个	1	

下　　篇

财务会计综合实验

一、实验指导

（一）实验目的

综合运用财务会计、成本会计的理论知识，注重基本技能、操作能力的训练，提高学生的动手能力，使学生从总体上把握企业财务会计的全部流程，正确熟练地进行相关业务的账务处理。

（二）实验要求

1.实验前做好充分的准备，备齐实验所需的原始凭证、记账凭证、账簿和相应的实验用品。

2.清楚实验目的，了解实验内容，对理论知识进行事前的复习与巩固，为实验操作打好基础。

3.实验过程中态度认真，按规定程序进行操作，并按照《企业会计准则》的要求对经济业务进行会计处理。对业务要周密思考、慎重对待，力求处理业务做到快捷、准确、周到；对待工作成果，力求规范、及时、工整。

4.实验过程中爱护实验设备，整理保管好会计资料。

（三）实验准备

1.充分阅读实验资料，了解实验流程，具备相应的理论知识，掌握基本的会计技能。

2.配备足够数量的收款凭证、付款凭证和转账凭证。备齐凭证封面、科目汇总表和账簿。账簿包括总账、库存现金日记账、银行存款日记账和各式明细账。

（四）实验内容

本实验以中型合资企业12月份业务为例。有筹资、调账业务，按分批法、分步法计算产品成本，各种销售方式的业务核算，且要求填制部分原始凭证和汇总原始凭证、编制记账凭证、登记明细账、编制科目汇总表、登记总账、编制会计报表、编写约2 000字的实验报告。

（五）实验步骤

1.建账。

（1）建总分类账（订本式，账页为每页25行）。

①科目设置。

依据上期已封账的旧账，根据法规变动、管理要求、业务变动情况确定应设置的科目名称，并按应用的科目表的顺序排列，一次建齐。本实验应设置53个会计科目。

A.资产类科目。有“库存现金”“银行存款”“其他货币资金”“交易性金融资产”“应收票据”“应收账款”“坏账准备”“其他应收款”“预付账款”“原材料”“材料采购”“周转材料”“材料成本差异”“自制半成品”“库存商品”“委托加工物资”“发出商品”“固定资产”“累计折旧”“固定资产减值准备”“在建工程”“固定资产清理”“无形资产”“待处理财产损溢” “信用减值损失”“累计摊销”共26个科目。

B.负债类科目。有“短期借款”“应付票据”“应付账款”“预收账款”“应付职工薪酬”“应交税费”“应付股利”“其他应付款”“应付利息”共9个科目。

C.所有者权益类科目。有“实收资本”“资本公积”“盈余公积”“本年利润”“利润分配”共5个科目。

D.成本类科目。有“生产成本”“制造费用”共2个科目。

E.损益类科目。有“主营业务收入”“其他业务收入”“投资收益”“营业外收入”“主营业务成本”“税金及附加”“销售费用”“管理费用”“财务费用”“营业外支出”“所得税费用”共11个科目。

②建账程序（同上篇）。

（2）建日记账和明细分类账（明细分类账因采用活页式不要求一次建齐）。

①科目设置。

A.日记账（订本式）。有库存现金日记账和银行存款日记账。

B.三栏式明细账（活页式）。例如，“其他货币资金”科目所属的银行汇票存款、存出投资款；“交易性金融资产”科目所属的成本；“应收票据”科目所属的张庄水泥厂、凤鑫市煤矿物资公司、大众金属公司；“应收账款”科目所属的红星五金公司、凤鑫市煤矿物资公司、新疆有色金属集团公司、张庄水泥厂、凤鑫市铝厂、甘肃省永登县农场；“坏账准备”“其他应收款”“预付账款”科目所属的凤鑫市钢铁厂；“材料采购”科目所属的原材料、低值易耗品；“材料成本差异”科目所属的原材料、低值易耗品；“固定资产减值准备”“在建工程”科目所属的数控车床、磨床；“固定资产清理”“无形资产”科目所属的土地使用权、专有技术；“待处理财产损溢”科目所属的待处理流动资产损溢；“信用减值损失”“累计摊销”科目所属的专有技术、土地使用权；“短期借款”科目所属的生产周转借款；“应付票据”科目所属的顺丰物资公司；“应付账款”科目所属的第八机械厂、电业局、汽车贸易公司、天津机械设备公司；“预收账款”科目所属的凤鑫市煤矿物资公司、凤鑫市铝厂；“应付职工薪酬”科目所属的工资、福利费、工会经费、职工教育经费；“应交税费”科目所属的待转销项税额、未交增值税、应交所得税、应交消费税、应交城市维护建设税、应交教育费附加、应交房产税、应交增值税；“应付股利”“其他应付款”科目所属的华益集团公司、保险公司；“应付利息”科目所属的借款利息；“实收资本”科目所属的国家、华益集团公司；“资本公积”科目所属的华益集团公司；“盈余公积”科目所属的法定盈余公积；“本年利润”“利润分配”科目所属的未分配利润、提取盈余公积、应付股利；“其他业务收入”“投资收益”“营业外收入”“税金及附加”“营业外支出”“所得税费用”等共67个账户。

C.数量金额式明细账（活页式）。例如，“原材料”科目所属的生铁、钢板、破碎机架、柴机油、电机、木材、油漆、煤、焦炭、齿轮、B3钢板、A3角钢（25×25×3）、A3角钢（30×30×3）、A3圆钢（Φ6mm）、A3圆钢（Φ8mm）、A3圆钢（Φ10mm）、A3钢管（25×3）、A3扁钢（25×3）；“周转材料”科目所属的包装物（木箱）、低值易耗品（工作服）、低值易耗品（量具）、低值易耗品（刃具）；“自制半成品”科目所属的减速机架、减速机齿轮；“库存商品”科目所属的减速机、1#破碎机、2#破碎机；“委托加工物资”科目所属的包装箱；“发出商品”科目所属的减速机；“主营业务收入”科目所属的减速机、1#破碎机、2#破碎机；“主营业务成本”科目所属的减速机、1#破碎机、2#破碎机；“固定资产”科目所属的切料机、车床、钻床、刨床、厂房、电子检测仪、汽车、电动机、数控车床、磨床等共45个账户。

D.多栏式明细账（活页式）。

生产成本——破1001#	占1、2、3页
生产成本——破1002#	占4、5页
生产成本——铸1001#	占6、7页
生产成本——铸1002#	占8、9页
生产成本——铸1003#	占10、11页
生产成本——铸1004#	占12、13页
生产成本——加工车间	占14、15、16、17页
生产成本——机修车间	占18、19页
生产成本——供电车间	占20、21页
制造费用——铸造车间	占22、23页
制造费用——加工车间	占24、25页
制造费用——破碎机车间	占26、27页
制造费用——机修车间	占28、29页
销售费用	占30、31页

管理费用　　　　　　　　　　　　　　　　占32、33页

财务费用　　　　　　　　　　　　　　　　占34、35页

共16个账户。

E.专用格式明细账。有“应交税费”科目所属的应交增值税，“固定资产”科目所属的切料机、车床、钻床、刨床共5个账户。

②建账程序（同上篇）。

（3）登记期初余额。

A.甲式账页、乙式账页期初余额的登记同总分类账。

B.分析式账页。只在余额栏登记。如何登记分析栏，按照本实验涉及的生产成本、制造费用、管理费用、财务费用、销售费用5个科目具体说明如下：

“生产成本”科目，在分析栏设置直接人工、直接材料、直接动力、制造费用、其他共5个成本项目，其中加工车间加设半成品项目。

“制造费用”科目，在分析栏设置工资、折旧费、水电费、修理费、低值易耗品、机物料、其他共7个费用项目。

“管理费用”科目，在分析栏设置工资、办公费、差旅费、保险费、水电费、修理费、其他共7个费用项目。

“财务费用”科目，在分析栏设置利息、手续费、汇兑损失、其他共4个费用项目。

“销售费用”科目，在分析栏设置工资、折旧费、广告费、运输费、保险费、包装费、其他共7个费用项目。

C.固定资产明细账。

在账页上登记好各项目数值，然后在固定资产原值和累计折旧余额栏分别登记金额，并计算出净值。

2.编制记账凭证（编号按3个系统编号，即分为收款、付款、转账3个系统，分别从1号开始编起，各系统连续编号。同上篇）。

3.登记日记账和明细账（同上篇）。

4.登记总账（同上篇）。

5.对账、结账（同上篇）。

6.编制会计报表。

根据总账和明细账编制会计报表，本实验编制资产负债表、利润表和现金流量表3张主要会计报表。

7.编写实验报告。

实验报告是实验者向实验组织者报告实验情况的书面文件，内容有4部分，本实验要求总字数不少于2 000字。

（1）实验过程概述。扼要地说明进行本次实验的主要条件，如时间、地点、带领实验的老师等。字数在200字左右。

（2）主要实验内容。可以按实验的先后顺序写，要写得详略得当，要和后面的心得体会相呼应。字数在300字左右。

（3）心得体会。这部分是实验报告的核心，要详细写。可以从加强理论认识、增强操作能力、对会计实质的体会、对会计工作的初步体验、对今后进一步学好会计学的想法等不同角度谈谈心得体会。要求说得清楚、有道理，并不要求说得过于精确。字数在1 500字左右。

（4）意见和建议。这部分是为改进下次实验提出的建议，例如，在时间安排是否适当、内容是否紧凑、老师指导是否精心等方面提出意见和建议。字数视具体情况而定。

8.结束工作。

（1）装订记账凭证。（基本方法同上篇，装订完成之后，在凭证的封面上填写有关栏目。主要有凭证种类和起止号码。应按如下填写：现收1–××号、现付1–××号、银收1–××号、银付1–××号、转

1-××号）

（2）封账（同上篇）。

（六）评分办法

1.对核算部分的质量考核。

在一定时间内必须完成规定的进度，完不成进度的不得参加考核，质量考核以检查记账凭证、账簿、会计报表和提问的方法进行评分。有一处常识性的并且严重影响会计信息正确性，或是表明会计工作不谨慎的错误扣5分，如转账凭证借贷方金额不平、总账和明细账不符合平行登记的要求、账面有较严重的污染、记账凭证明显装订粗糙、对所提问题一无所知。不规范的地方每种情况扣2分，若是普遍存在，每种情况最高可以扣5分。按百分制评分，在总成绩中占50%。

2.对实验报告考核。

从质、量两方面考核。以内容和字数是否达到要求为主进行评分。抄袭的为零分。内容尚可，字数不足2 000字的扣10分，内容空洞的最高扣40分，格式不符合要求的最高扣10分，字迹明显潦草的最高扣10分。按百分制评分，在总成绩中占30%。

3.对掌握的基本技能、能力考核。

对会计基本技能、能力以口试形式考核，抽选两题回答要点，两题回答基本正确或一题完全正确、另一题比基本正确稍差些的为及格。按百分制评分，在总成绩中占20%。

二、实验资料

（一）企业概况

凤鑫市永昌电机制造公司系国家将原企业改组之后，经过投资筹建的独立核算单位，经试生产，从11月1日起正式投产，但仍有在建工程。该企业是机械制造企业，生产减速机、破碎机，实行集中核算。12月份吸收国内外投资，扩大生产规模。

开户行：中国工商银行华岩路办事处

开设结算账户账号：00886644

企业纳税登记号：130203987654321G9E

企业电话：2078558

财务厂长：李世祥

会计主管：陈梦洁

会计：李秋菊

复核：聂军

出纳：纪志玲

保管：陈雅晶

（二）企业会计核算规定

1.流动资产部分。

（1）库存现金限额为5 000元。银行存款开立一个明细账户，结算存款。

（2）计提坏账准备采用应收账款余额百分比法，其比例为5‰。

（3）原材料日常收发核算按计划成本计价。每10天结转一次，入库时结转材料成本差异，出库时，月末一次结转材料成本差异。

（4）材料供应设“材料采购”账户核算，按实际成本计价，设原材料、低值易耗品明细账户。

（5）本企业低值易耗品有量具、刃具、工作服，均采用一次摊销法。按计划成本计价，随时入库。

（6）本企业自制半成品为减速机架和减速机齿轮。自制半成品日常收发核算按定额单位成本计价。

（7）本企业产成品、包装物收发核算按实际成本计价。

（8）主管财政部门核定的该企业计税工资标准为每月3.5万元。

2.固定资产部分。

固定资产采用平均年限法、个别折旧法计提折旧。

3.产品成本核算部分。

（1）生产车间为5个车间。

①减速机铸件铸造车间，生产半成品减速机架、减速机齿轮，简称铸造车间。

②减速机加工装配车间，生产减速机，简称加工车间。

③破碎机生产车间，铸件部分外购、部分自制并进行装配，生产1#破碎机、2#破碎机，简称破碎机车间。

④机修车间，除完成自身任务外承揽外部业务。

⑤供电车间，提供临时电源。

（2）铸造车间按分批法计算产品成本，加工车间按综合结转分步法计算产品成本，破碎机车间按分批法计算产品成本。

（3）机修车间计算单位工时成本，按直接分配法分配。

（4）供电车间成本与外购电的电费一起按直接分配法分配。

（5）供电车间不设“制造费用”账户，其他车间均设置“制造费用”账户。

（6）产品销售成本按先进先出法确定，必要时可按计划成本结转。

（7） 12月份生产情况资料：

①铸造车间投产4批，分别为铸1001#，批量为减速机架140件；铸1002#，批量为减速机齿轮2 300千克；铸1003#，批量为减速机齿轮2 300千克；铸1004#，批量为减速机架180件。除第四批全部未完工外，其余全部完工；铸1002#、铸1003#全部被加工车间领用。

②加工车间生产减速机100台，其中产成品90台，在产品10台，月末按定额确定在产品成本。单位定额成本为（月末使用以下数据，单位：元）：

项　目	半成品	工　资	直接材料	制造费用	动力费	合　计
金　额	498.00	79.80	400.00	221.20	50.00	¥1 249.00

③破碎机车间投产两批，破1001#，批量为2#破碎机10台；破1002#，批量为2#破碎机50台。产品均全部完工。

④半成品的单位定额成本为（单位：元）：

半成品名称	人工费	材料费	动力费	制造费用	其　他	合　计
减速机架	17.40	81.85	26.60	7.65	6.50	¥140.00
减速机齿轮	1.48	3.05	2.00	0.65	0.37	¥7.55

4.税费部分。

（1）增值税。

本企业为增值税一般纳税人，税率为13%。

（2）城市维护建设税。

①计税金额：应交增值税和应交消费税之和。

②税率：税务部门核定为7%。

（3）教育费附加。

①计税金额：应交增值税和应交消费税之和。

②征收率：税务部门核定为3%。

（4）所得税税率为25%。

（三）期初余额表

以下各表均为凤鑫市永昌电机制造公司2×21年12月1日的期初余额表。

1.总账科目余额表（单位：元）。

资　产	年初数	期末数	负债及所有者权益	年初数	期末数
库存现金		2 000.00	短期借款		949 990.00
银行存款		1 270 979.19	应付账款		11 850.00
应收账款		102 000.00	应付职工薪酬		33 875.00
坏账准备（贷方）		510.00	应交税费		465 300.00
原材料		53 925.10	应付利息		16 000.00
材料成本差异（贷方）		6 992.83	实收资本		400 000.00
周转材料		82 065.20	盈余公积		6 769.89
库存商品		7 939.93	利润分配		38 362.71
生产成本		9 841.01			
固定资产		360 000.00			
累计折旧（贷方）		7 500.00			
固定资产减值准备（贷方）		1 600.00			
无形资产		50 000.00			
资产总计		1 922 147.60	负债及所有者权益总计		1 922 147.60

2.明细账科目余额表。

（1）货币资金、应收应付、所有者权益等（单位：元）。

总账科目	明细科目	金　额	总账科目	明细科目	金　额
库存现金		2 000.00	应付账款	第八机械厂	8 700.00
银行存款	工行	1 270 979.19		电业局	3 150.00
应收账款	红星五金公司	10 000.00	应交税费	未交增值税	225 500.00
	凤鑫市煤矿物资公司	30 000.00		应交所得税	214 500.00
	新疆有色金属集团公司	62 000.00		应交消费税	2 500.00
坏账准备	（贷方）	510.00		应交城市维护建设税	15 960.00
应付职工薪酬	工资（贷方）	31 400.00		应交教育费附加	6 840.00
	工会经费（贷方）	2 475.00	应付利息	借款利息	16 000.00
无形资产	土地使用权	50 000.00	实收资本	国家	400 000.00
固定资产减值准备	（贷方）	1 600.00	盈余公积	法定盈余公积	6 769.89
短期借款	生产周转借款（贷方）	949 990.00	利润分配	未分配利润	38 362.71

（2）存货（金额单位：元）。

总账科目	明细科目	单　　位	数　　量	单　　价	金　　额
原材料	生铁	千克	1 500	2.70	4 050.00
	钢板	千克	10 037.5	3.40	34 127.50
	电机	台	30	160.00	4 800.00
	木材	立方米	1.5	320.00	480.00
	油漆	千克	77.2	8.00	617.60
	煤	吨	4	100.00	400.00
	焦炭	吨	13	350.00	4 550.00
	齿轮	千克	700	7.00	4 900.00
材料成本差异	原材料（贷方）				4 079.83
	低值易耗品（贷方）				2 913.00
周转材料	包装物——木箱	个	180	25.64	4 615.20
	低值易耗品——工作服	套	120	60.00	7 200.00
	低值易耗品——量具	把	45	50.00	2 250.00
	低值易耗品——刃具	把	1 000	68.00	68 000.00
库存商品	减速机	台	2	1 724.97*	3 449.93
	1#破碎机	台	4	1 122.50	4 490.00
生产成本	（详见后表）				9 841.01

注：*月末金额除以数量后四舍五入作为单价。

（3）生产成本（单位：元）。

车间、产品批次	直接材料	直接人工	直接动力	制造费用	合　计
破 1001#	8 547.01	570.00	174.00	550.00	¥9 841.01

（4）固定资产（金额单位：元）。

总账科目	明细科目	规　格	单　位	数　量	单　价	金　额	备　注
固定资产	切料机		台	1	6 000.00	6 000.00	
	车　床		台	5	30 200.00	151 000.00	
	钻　床		台	2	20 000.00	40 000.00	
	刨　床		台	1	13 000.00	13 000.00	
	厂　房		栋	5	30 000.00	150 000.00	
累计折旧	厂　房		栋	5		7 500.00	年折旧率为5%

（四）实验题目

1.12月1日，缴纳上月应交增值税、所得税、消费税、城市维护建设税、教育费附加。（附件1-1、附件1-2）

2.12月2日，华益集团公司以20 000美元的电子检测仪一台、24 000美元的数控车床一台、10 666美元的磨床一台以及价值1 600美元的专有技术资料进行投资，均已到位，电子检测仪交加工车间使用，数控车床、磨床需安装，交本企业基建组，专有技术资料交办公室归档，汇率为1美元=6.00元人民币，按投资协议入账，余款暂转其他应付款。（附件2-1、附件2-2）

3.12月4日，收到第八机械厂托收承付结算单，经审核同意，已通知银行付款。（附件3-1至附件3-3）

4.12月5日，售给张庄水泥厂1#破碎机2台，由本厂签发商业承兑汇票，期限20天。（附件4-1至附件4-4）

5.12月7日，毕静安从天津来电要银行汇票15 000元，汇给天津市海河机械厂，当即汇出。（附件5-1至附件5-3）

6.12月8日，以银行承兑汇票支付顺丰物资公司3立方米木料款，期限20天，另付银行承兑手续费12元，货已验收。（附件6-1至附件6-5）

7.12月10日，上海市东方铁厂转来购买生铁发票，已办理托收。（附件7-1至附件7-4）

8.12月10日，仓库交来材料入库单。（附件8-1）

9.12月10日，仓库交来材料出库单。（附件9-1）

10.12月10日，铸造车间交来铸件减速机架入库单。（附件10-1）

11.12月11日，毕静安从天津回来报销差旅费400元现金。（附件11-1至附件11-7）

12.12月11日，为了进行证券投资，开出转账支票一张，在证券公司开立资金账户。（附件12-1、附件12-2）

13.12月12日，银行通知银行汇票余款已退回，购破碎机用齿轮1 800千克。（附件13-1至附件13-3）

14.12月12日，产成品入库。（附件14-1）

15.12月12日，支付基建部门安装数控车床、磨床用水泥、沙子款，数控车床用5 430元，磨床用3 430元，直接用于工程，未入库，以银行支票付清。（附件15-1至附件15-3）

16.12月12日，预收凤鑫市煤矿物资公司减速机定金，由本厂签发不计息商业承兑汇票50 000元，期限2个月，无息，汇款20 000元已存银行。（附件16-1至附件16-4）

17.12月13日，向明宇公司购油漆，含税价2 779.80元，未收到发票，款未付，现金折扣条件为“3/10，1/20，N/30”（按净价法计算，暂不作记账凭证）。

18.12月14日，车间领用低值易耗品。（附件18-1）

19.12月14日，预付购料款。（附件19-1、附件19-2）

20.12月15日，编制铸造车间工资结算单（不作记账凭证）。（附件20-1至附件20-9）

21.12月15日，收到凤鑫市铝厂订购2#破碎机款，存银行。（附件21-1）

22.12月15日，以银行存款支付医用药品款。（附件22-1、附件22-2）

23.12月15日，购买上海平乐日化公司债券进行短期投资。（附件23-1）

24.12月15日，向汽车贸易公司购入汽车一辆，价值60 000元，用于职工班车，已交付使用，款未付。（附件24-1、附件24-2）

25.12月16日，收到天津市机械设备公司破碎机架60件，款未付。（附件25-1、附件25-2）

26.12月16日，归还华益集团公司款，从银行购买美元汇出，汇率1美元=6.50元人民币。（外汇凭证略，附件26-1）

27.12月16日，售2#破碎机10台，收到银行承兑汇票。（附件27-1、附件27-2）

28.12月17日，供销科领用包装木箱。（附件28-1）

29.12月17日，收到新疆有色金属公司款62 000元，还欠款，已存银行。（附件29-1）

30.12月18日，编制全厂工资结算汇总表（不作凭证）。（附件30-1）

31.12月18日，支付救济灾区款51 793元，从银行汇出。（附件31-1、附件31-2）

32.12月18日，设备清查上报主管部门。（附件32-1）

33.12月19日，报废生产用车床，原价30 200元，已提减值准备1 600元。（附件33-1）

34.12月20日，开出支票，从银行提取现金35 721元，备发工资。（附件34-1）

35.12月20日，发放本月工资和结转各种代扣款项（用30题附件）。注：代扣本厂的保险费记入“其他应付款——保险公司”账户，下月初支付。

36.12月20日，付13日购入油漆款。(附件36-1至附件36-3)

37.12月20日，仓库交来材料入库单。(附件37-1、附件37-2)

38.12月20日，取得工商银行短期贷款，用作生产周转借款。(附件38-1)

39.12月20日，仓库交来材料出库单。(附件39-1)

40.12月21日，仓库交来半成品出库单，加工车间领用减速机架60件。(附件40-1)

41.12月22日，售出上海平乐日化公司短期债券，面值为30 000元。(附件41-1、附件41-2)

42.12月22日，支付车床清理费200元，付现金。(附件42-1)

43.12月22日，发给山西省物资公司减速机10台，委托代销（暂按单位成本每台1 724.97元结转）。(附件43-1)

44.12月23日，因收到的张庄水泥厂商业承兑汇票于本月25日到期，财会人员填制五联邮划委托收款结算凭证，连同商业承兑汇票第二联送交本厂开户银行，委托开户行向承兑人收取票款，收款人留存第一联（不作记账凭证）。(附件44-1)

45.12月23日，印制产品说明书，刊登广告，共付3 500元。(附件45-1、附件45-2)

46.12月23日，为支援贫困区，售给甘肃省永登县农场减速机一台，单价3 000元，增值税390元，分期收款，第一期收款1/3，款已存银行，货已提。(附件46-1、附件46-2)

47.12月24日，用凤鑫市煤矿物资公司商业汇票到银行贴现，按日贴现率0.3‰计算。(附件47-1)

48.12月24日，产成品入库单（不作记账凭证）。(附件48-1)

49.12月24日，收到车床的残值收入2 000元。(附件49-1、附件49-2)

50.12月25日，因张庄水泥厂无款支付到期的商业承兑汇票，华岩路工行将付款单位开户银行退回的委托收款凭证连同商业承兑汇票转交凤鑫市永昌电机制造公司。(附件50-1至附件50-4)

51.12月25日，银行转来委托收款单，电业局收上月电费3 159元，差额追加本月份管理费用。(附件51-1)

52.12月25日，收存款利息。(附件52-1)

53.12月25日，付2×21年11月21日至2×21年12月20日贷款利息。(附件53-1)

54.12月25日，支付购电机款，货已到。(附件54-1至附件54-3)

55.12月26日，本月16日收到的银行承兑汇票到期，填写进账单连同汇票第二联交其开户行入账。企业根据进账单的收账通知记账。(附件55-1)

56.12月26日，售出上海平乐日化公司短期债券，面值为20 000元，净收款19 700元。(附件56-1)

57.12月27日，销售给凤鑫市煤矿物资公司的30台减速机已发出，代垫运杂费2 945.94元，除去预收款之外，货款未付。(附件57-1至附件57-3)

58.12月27日，承付成都市量具股份有限公司货款，量具在途。(附件58-1至附件58-3)

59.12月27日，支付木箱款，货已入库（入库单略）。(附件59-1至附件59-3)

60.12月28日，以银行存款支付各车间的其他费用。(附件60-1、附件60-2)

61.12月28日，将闲置房屋租给永达开发公司。(附件61-1)

62.12月28日，凤鑫市铝厂来人提走2#破碎机15台，另计增值税，交来银行本票10 000元一张，结清货款。(附件62-1至附件62-4)

63.12月28日，从成都市量具股份有限公司购买的量具验收入库。(附件63-1)

64.12月28日，承付银行承兑汇票。(附件64-1)

65.12月29日，支付柴机油款。(附件65-1至附件65-3)

66.12月29日，计算外购电费25 000元（计入供电车间，然后统一分配）。

67.12月29日，仓库交来材料入库单。(附件67-1至附件67-3)

68.12月29日，仓库交来材料出库单。(附件68-1)

69.12月29日，仓库交来减速机架入库单、出库单（减速机架定额单位成本见企业会计核算规定）。(附件69-1、附件69-2)

70.12月29日，铸造车间核算员报来加工车间直接领用减速机齿轮的交接单。(附件70-1)

71.12月31日，结转固定资产清理。(附件71-1)

72.12月31日，收到房屋租金转账支票一张，当日填写进账单连同支票送交其开户银行办理进账。(附件72-1至附件72-3)

73.12月31日，申报本年应交房产税。(附件73-1)

74.12月31日，计提本月折旧。(附件74-1)

75.12月31日，根据有关“材料采购明细账”、“材料成本差异明细账”、“低值易耗品明细账”和“低值易耗品成本差异明细账”提供的有关资料，计算本月原材料成本差异率和低值易耗品差异率（差异率保留整数)。(附件75-1)

76.12月31日，根据原材料耗用情况，结转材料成本差异。(附件76-1)

77.12月31日，根据有关“领料单”编制全厂“低值易耗品耗用汇总表”，结转成本差异。(附件77-1)

78.12月31日，年终盘点库存存货，并上报河北省工业和信息化厅审批（盘盈的存货冲减管理费用)。(附件78-1)

79.12月31日，分配本月份工资费用、工会经费、职工教育经费。(附件79-1、附件79-2)

80.12月31日，无形资产摊销。(附件80-1)

81.12月31日，分配电费。(附件81-1)

82.12月31日，华益集团公司投资的数控车床、磨床已安装好，交加工车间使用。(附件82-1)

83.12月31日，结转机修车间制造费用，转入“生产成本”账户。

84.12月31日，分配机修车间成本。(附件84-1)

85.12月31日，分配各车间的制造费用。(附件85-1)

86.12月31日，计算各车间各批号成本，并结转。(附件86-1至附件86-6)

87.12月31日，结转已发出或已销售产品的销售成本（按先进先出法结转)。(附件87-1、附件87-2)

88.12月31日，结转年终盘亏的存货。(附件88-1)

89.12月31日，计提本月坏账准备。(附件89-1)

90.12月31日，申报本月应交增值税。(附件90-1)

91.12月31日，计算并申报本月应交的城市维护建设税和教育费附加。(附件91-1)

92.12月31日，将各损益类账户结转到“本年利润”账户。

93.12月31日，计算本月应纳所得税。(附件93-1)

94.12月31日，按税后利润的10%计提法定盈余公积。(附件94-1)

95.12月31日，按未分配利润的80%计提应付股利。(附件95-1)

96.12月31日，结转本年利润和利润分配。

97.12月31日，编制本月科目汇总表，登记总账。(附空白的科目汇总表，附件97-1)

98.对账、结账、封账。

99.编制资产负债表、利润表、现金流量表。(附空白的资产负债表，附件99-1；利润表，附件99-2；现金流量表，附件99-3)

100.装订凭证，编写实验报告。

（五）实验用原始凭证

附件 1-1

中华人民共和国
税收完税证明

（2×21）凤鑫完电 *0062305*

填发日期：*2×21*年*12*月*1*日　　税务机关：凤鑫市税务局一分局

统一社会信用代码	*130203987654321G9E*		纳税人名称	凤鑫市永昌电机制造公司	
原凭证号	税　　种	品目名称	税款所属时期	入（退）款日期	需缴（退）金额
320160621000033290	所得税		*2×20-11-01* 至 *2×21-12-31*	*2×21-12-01*	*214 500.00*
320160621000033292	消费税		*2×20-11-01* 至 *2×21-12-31*	*2×21-12-01*	*2 500.00*
320160621000033295	城市维护建设税		*2×20-11-01* 至 *2×21-12-31*	*2×21-12-01*	*15 960.00*
320160621000033298	教育费附加		*2×20-11-01* 至 *2×21-12-31*	*2×21-12-01*	*6 840.00*
金额合计	（大写）贰拾叁万玖仟捌佰元整				*¥239 800.00*
税务机关（盖章）凤鑫市税务局一分局 4号 征税专用章	填票人 马劲松	备注 正常申报一般申报正税自行申报　凤鑫市建设路27号 主管税务所（科、分局）：凤鑫市税务局一分局 电子税票号码：*320160621000033612*			

附件 1-2

中华人民共和国
税收完税证明

（2×21）凤鑫完电 *0047821*

填发日期：*2×21*年*12*月*1*日　　税务机关：凤鑫市税务局一分局

纳税人识别号	130203987654321G9E	纳税人名称	凤鑫市永昌电机制造公司		
原凭证号	税　　种	品目名称	税款所属时期	入（退）款日期	需缴（退）金额
320160621000033299	增值税		2×20-11-01 至 2×21-12-31	2×21-12-01	225 500.00
金额合计	（大写）贰拾贰万伍仟伍佰元整				¥225 500.00
税务机关 凤鑫市税务局一分局 4号 征税专用章 （盖章）	填票人 马劲松	备注 正常申报一般申报正税自行申报　凤鑫市建设路27号 主管税务所（科、分局）：凤鑫市税务局一分局 电子税票号码：320160621000078742			

附件 2-1

投资协议

（投资缴款计算部分）

2×21 年 12 月 2 日　　　　金额单位：元

投资单位	实收资本	所有者权益			合　计	份额比例	说　明
		资本公积	盈余公积	未分配利润			
凤鑫市永昌电机制造公司	400 000.00		6 769.89	38 362.71	¥445 132.60	57%	按账面结转
华益集团公司	300 000.00	33 917.58			¥333 917.58	43%	
合　计	¥700 000.00	¥33 917.58	¥6 769.89	¥38 362.71	¥779 050.18	100%	

附件 2-2

固定资产验收通知单

供应人：华益集团公司　　　　2×21 年 12 月 2 日

固定资产名称	规格	单位	数量	金额	已提折旧	存放地点
电子检测仪		台	1	120 000.00	无	交加工车间使用
数控车床		台	1	144 000.00	无	交基建组
磨床		台	1	63 996.00	无	交基建组

第二联：财务科记账

附件 3-1

（邮）　　**托收承付凭证**　（承付支款通知）　　委托号码　第　号

5

承　付　期
到期　　年　月　日

委托日期 *2×21* 年 *12* 月 *4* 日

<table>
<tr><td rowspan="3">汇款人</td><td>全　称</td><td>凤鑫市永昌电机制造公司</td><td rowspan="3">收款人</td><td>全　称</td><td colspan="3">第八机械厂</td></tr>
<tr><td>账　号
或地址</td><td>00886644</td><td>账　号
或地址</td><td colspan="3">2210096678</td></tr>
<tr><td>开　户
银　行</td><td>工行华岩办</td><td>开　户
银　行</td><td>工行西道办</td><td>行号</td><td></td></tr>
</table>

<table>
<tr><td rowspan="2">金额</td><td rowspan="2">人民币
（大写）</td><td rowspan="2">陆万壹仟壹佰叁拾叁元整</td><td>千</td><td>百</td><td>十</td><td>万</td><td>千</td><td>百</td><td>十</td><td>元</td><td>角</td><td>分</td></tr>
<tr><td></td><td></td><td>¥</td><td>6</td><td>1</td><td>1</td><td>3</td><td>3</td><td>0</td><td>0</td></tr>
</table>

<table>
<tr><td colspan="2">附　件</td><td>商品发运情况单</td><td>合同名称号码</td></tr>
<tr><td>附寄单证
张数或册数</td><td></td><td></td><td></td></tr>
<tr><td>备注：</td><td colspan="3">付款人注意：
1. 根据结算办法规定，上列托收款项，在承付期限内未拒付时，即视同全部承付，如系全额支付即以此联代支款通知，如遇延付或部分支付时，再由银行另送延付或部分支付的支款通知。
2. 如需提前承付或多承付时，应另写书面通知送银行办理。
3. 如系全部或部分拒付，应在承付期限内另填拒绝承付理由书送银行办理。</td></tr>
</table>

中国工商银行 凤鑫市华岩分理处 转讫

单位主管：王洁　　会计：刘畅一　　复核：季晓军　　付款人开户银行盖章　2×21 年 12 月 4 日

附件 3-2

河北增值税专用发票

抵 扣 联

（印章：全国统一发票监制章 河北 国家税务总局监制）

13001025300　　　　　　　　　　　　　　　　№ 00646645

校验码 58989 24127 26316 69702　　　　　　　　开票日期：2×21 年 12 月 4 日

购买方	名　　称：凤鑫市永昌电机制造公司 纳税人识别号：130203987654321G9E 地 址、电 话：建设路 27 号 2078558 开户行及账号：工行华岩办 00886644	密码区	>2563>63676/+819*1396　加密版本：01 +364<>76<251>6/6/-009　1302595858 -4>1>/5<^+9_8786>3452　02995604

货物或应税劳务、服务名称	规格型号	单位	数　量	单　价	金　额	税率	税　额
B3 钢板	&-1.2	千克	2 000	3.20	6 400.00	13%	832.00
A3 角钢	25×25×3	千克	1 000	3.40	3 400.00	13%	442.00
A3 角钢	30×30×3	千克	1 000	3.40	3 400.00	13%	442.00
A3 圆钢	Φ6mm	千克	1 000	3.00	3 000.00	13%	390.00
A3 圆钢	Φ8mm	千克	1 000	3.00	3 000.00	13%	390.00
A3 圆钢	Φ10mm	千克	1 000	3.00	3 000.00	13%	390.00
A3 钢管	25×3	千克	500	3.40	1 700.00	13%	221.00
A3 扁钢	25×3	千克	500	3.60	1 800.00	13%	234.00
生铁		千克	4 000	2.60	10 400.00	13%	1 352.00
电机		台	100	180.00	18 000.00	13%	2 340.00
合　计					¥54 100.00		¥7 033.00

价税合计（大写）	⊗陆万壹仟壹佰叁拾叁元整　　（小写）¥ 61 133.00

销售方	名　　称：第八机械厂 纳税人识别号：13020310474256X36S 地 址、电 话：建设南路 78 号 2045689 开户行及账号：工行西道办 12000089562	备注	（印章：第八机械厂 13020310474256X36S 发票专用章）

收款人：王红　　复核：张洪　　开票人：王红　　销售方：（章）

第二联：抵扣联　购买方扣税凭证

附件 3-3

河北增值税专用发票

发　票　联

13001025300　　　　　　　　　　　　　№ 00646645

校验码 58989 24127 26316 69702　　　　　　开票日期：2×21 年 12 月 4 日

购买方	名　称：凤鑫市永昌电机制造公司 纳税人识别号：130203987654321G9E 地 址、电 话：建设路 27 号 2078558 开户行及账号：工行华岩办 00886644	密码区	>2563>63676/+819*1396　加密版本：01 +364<>76<251>6/6/-009　1302595858 -4>1>/5<^+9_8786>3452　02995604

货物或应税劳务、服务名称	规格型号	单位	数量	单价	金额	税率	税额
B3 钢板	&-1.2	千克	2 000	3.20	6 400.00	13%	832.00
A3 角钢	25×25×3	千克	1 000	3.40	3 400.00	13%	442.00
A3 角钢	30×30×3	千克	1 000	3.40	3 400.00	13%	442.00
A3 圆钢	Φ6mm	千克	1 000	3.00	3 000.00	13%	390.00
A3 圆钢	Φ8mm	千克	1 000	3.00	3 000.00	13%	390.00
A3 圆钢	Φ10mm	千克	1 000	3.00	3 000.00	13%	390.00
A3 钢管	25×3	千克	500	3.40	1 700.00	13%	221.00
A3 扁钢	25×3	千克	500	3.60	1 800.00	13%	234.00
生铁		千克	4 000	2.60	10 400.00	13%	1 352.00
电机		台	100	180.00	18 000.00	13%	2 340.00
合　计					¥54 100.00		¥7 033.00
价税合计（大写）	⊗陆万壹仟壹佰叁拾叁元整					（小写）	¥ 61 133.00

销售方	名　称：第八机械厂 纳税人识别号：13020310474256X36S 地 址、电 话：建设南路 78 号 2045689 开户行及账号：工行西道办 12000089562	备注	第八机械厂 13020310474256X36S 发票专用章

收款人：王红　　　复核：张洪　　　开票人：王红　　　销售方：（章）

第三联：发票联　购买方记账凭证

附件 4-1

商业承兑汇票　2

汇票号码

出票日期（大写）：贰某贰壹年壹拾贰月零伍日　　　　　第 6 号

付款人	全　称	张庄水泥厂	收款人	全　称	凤鑫市永昌电机制造公司	
	账　号	19-00557733		账　号	00886644	
	开户银行	工行建北办		开户银行	工行华岩办	行号
汇票金额	人民币（大写）	肆仟零陆拾捌元整				¥4 068.00
汇票到期日	2×21 年 12 月 25 日		交易合同号码	008		
本汇票已经承兑，到期无条件支付票款 承兑人签章 承兑日期 2×21 年 12 月 5 日			本汇票请予以承兑于到期日付款 出票人签章			

此联持票人开户行随委托收款凭证寄付款人开户行作借方凭证附件

附件 4-2

（商业承兑汇票 2 背面）

被背书人	被背书人	被背书人
背书人签章 年 月 日	背书人签章 年 月 日	背书人签章 年 月 日

粘贴单处

附件 4-3

商业承兑汇票（存根） 3

汇票号码

出票日期（大写）：贰某贰壹年壹拾贰月零伍日　　第 6 号

付款人	全　称	张庄水泥厂	收款人	全　称	凤鑫市永昌电机制造公司		
	账　号	19-00557733		账　号	00886644		
	开户银行	工行建北办		开户银行	工行华岩办	行号	
汇票金额	人民币（大写）	肆仟零陆拾捌元整					¥4 068.00
汇票到期日	2×21 年 12 月 25 日			交易合同号码	008		
备注：							

此联出票人留存

附件 4-4

河北增值税专用发票

13001025300　　此联不作报销、扣税凭证使用　　№ 00236645

校验码 58459 24127 22316 69725　　开票日期：2×21 年 12 月 5 日

购买方	名　称：张庄水泥厂 纳税人识别号：1302038047487785JN 地 址、电 话：建设北路 2056389 开户行及账号：工行建北办 13005266			密码区	>9+90>63676/+819*1386 加密版本：01 +344<>76<941>6/6/-009 1302595858 -4>1>/5<^+9_8786>3452 02995604		
货物或应税劳务、服务名称	规格型号	单位	数　量	单　价	金　额	税率	税　额
1#破碎机		台	2	1 800.00	3 600.00	13%	468.00
合　计					¥3 600.00		¥468.00
价税合计（大写）	⊗肆仟零陆拾捌元整						（小写）¥4 068.00
销售方	名　称：凤鑫市永昌电机制造公司 纳税人识别号：130203987654321G9E 地 址、电 话：建设路 27 号 2078558 开户行及账号：工行华岩办 00886644			备注	凤鑫市永昌电机制造公司 130203987654321G9E 发票专用章		

收款人：　　复核：陈梦洁　　开票人：李秋菊　　销售方：（章）

第一联：记账联 销售方记账凭证

附件 5-1

中国工商银行

银行汇票申请书（存根） 1

第　号

申请日期 2×21 年 12 月 7 日

汇　款　人	凤鑫市永昌电机制造公司	收　款　人	天津市海河机械厂
账号或住址	00886644	账号或住址	807951
兑付地点	工行华岩办	汇款用途	采购物资
汇款金额	人民币（大写）壹万伍仟元整		¥15 000.00

此联申请人留存

备注：

科　　目：________
对方科目：________
财务主管：
复核：　　　　经办：

附件 5-2

付款期
壹个月

中国工商银行

银　行　汇　票　2

汇票号码

出票日期：贰某贰壹年壹拾贰月零柒日
（大写）

第 2 号

代理付款行：天津工行和平办　　行号：2564

收款人：天津市海河机械厂									账号或住址：807951
出票金额人民币（大写）壹万伍仟元整									¥15 000.00
实际结算金额　人民币（大写）	百	十	万	千	百	十	元	角	分

此联代理付款行付款后作联行往账借方凭证附件

申请人：凤鑫市永昌电机制造公司
出票行：工行华岩办　　　　账号或住址：00886644
行号：
备　注：购货
凭票付款
出票行盖章

中国工商银行
天津市和平分理处
2×21.12.7
转讫

多余金额										科目（借）________
千	百	十	万	千	百	十	元	角	分	对方科目（贷）________
										兑付日期　年　月　日
										复核　　记账

附件 5-3

付款期 壹个月

中国工商银行

银 行 汇 票 〔解讫〕 3

汇票号码

出票日期：贰某贰壹年壹拾贰月零柒日 〔通知〕 第2号
（大写）

代理付款行：天津工行和平办 行号：2564		
收款人：天津市海河机械厂		账号或住址：807951
出票金额人民币（大写）壹万伍仟元整		¥15 000.00
实际结算金额	人民币（大写）	百 十 万 千 百 十 元 角 分

此联由代理付款行付款后作多余款贷方凭证随报单寄出票行

申请人：凤鑫市永昌电机制造公司

出票行：工行华岩办

账号或住址：00886644

行号：

备 注：购货

代理付款行盖章

中国工商银行 天津市和平分理处 2×21.12.7 转讫

复核 经办

多余金额										科目（借）______
千	百	十	万	千	百	十	元	角	分	对方科目（贷）______
										转账日期 年 月 日
										复核 记账

附件 6-1

银行承兑汇票 2

签发日期：2×21年12月8日 汇票号码：第8号

收款人	全 称	顺丰物资公司	出票人全称	凤鑫市永昌电机制造公司		
	账 号	720352	出票人账号	00886644		
	开户行	工行鼓楼办	付款行全称	工行华岩办	行号	
汇票金额		人民币（大写）壹仟叁佰伍拾陆元整		¥1 356.00		
汇票到期日		2×21年12月28日	本汇票已经承兑，到期日由本行付款	承兑协议编号		
本汇票请你行承兑，到期无条件付款 凤鑫市永昌电机制造公司 财务专用章 出票人签章 年 月 日			中国工商银行 凤鑫市华岩分理处 2×21.12.8 转讫 承兑行签章 承兑日期 年 月 日	科目（借）______ 对方科目（贷）______ 转账日期：2×21年12月8日		
			备注：	复核 记账		

此联作收款人开户行随结算凭证寄付款行借方凭证附件

附件 6-2

银行承兑协议　　1

编号：1

银行承兑汇票的内容：

出票人全称：凤鑫市永昌电机制造公司　　　　收款人全称：顺丰物资公司

开户银行：工行华岩办　　　　开户银行：工行鼓楼办

账号：*00886644*　　　　账号：*720352*

汇票号码：第 *8* 号　　　　汇票金额（大写）：壹仟叁佰伍拾陆元整

出票日期 **2×21** 年 **12** 月 **8** 日　　　　到期日期 **2×21** 年 **12** 月 **28** 日

以上汇票经银行承兑，出票人愿遵守《支付结算办法》的规定及下列条款：

一、出票人于汇票到期日前将应付票款足额交存承兑银行。

二、承兑手续费按票面金额千分之（八点五）计算，在银行承兑时一次付清。

三、出票人与收款人如发生任何交易纠纷，均由其双方自行处理，票款于到期前仍按第一条办理。

四、承兑汇票到期日，承兑银行凭票无条件支付票款。如到期日之前出票人不能足额支付票款时，承兑银行对不足支付部分的票款转作出票人逾期贷款，并按照有关规定计收罚息。

五、承兑汇票款付清后，本协议自动失效。

承兑银行签章　　　　　　　　出票人签章

订立承兑协议日期：2×21 年 12 月 8 日

注：本协议共印三联。在“银行承兑协议”之后，第二联加印 2，第三联加印（副本）字样。

附件 6-3

中国工商银行

手续费收款单（代缴费回单）

2×21 年 **12** 月 **8** 日

户名：凤鑫市永昌电机制造公司　　　　账号：

由开户银行专柜送交款单位

结　算　类　型	笔数	单价	金　　额
银行承兑汇票	*1*		*12.00*
合　　计			¥*12.00*
人民币（大写）　壹拾贰元整			

主管：　　　会计：　　　出纳：张妮　　　记账员（银行出纳收款单）

附件 6-4

河北增值税专用发票

抵　扣　联

13001025300　　　　　　　　　　　　　　№ 00456645

校验码 58129 24126 26316 69702　　　　　　开票日期：2×21 年 12 月 8 日

购买方	名　　称：凤鑫市永昌电机制造公司 纳税人识别号：130203987654321G9E 地 址、电 话：建设路 27 号 2078558 开户行及账号：工行华岩办 00886644			密码区	>125>63676/+823*1389　加密版本：01 +634<>76<941>6/6/-009　1302595858 -4>1>/5<^+9_8786>3452　02995604		
货物或应税劳务、服务名称	规格型号	单位	数　量	单　价	金　额	税率	税　额
木材		立方米	3	400.00	1 200.00	13%	156.00
合　　计					¥1 200.00		¥156.00
价税合计（大写）	⊗壹仟叁佰伍拾陆元整					（小写）¥1 356.00	
销售方	名　　称：顺丰物资公司 纳税人识别号：1302006012688623F7 地 址、电 话：大庆道北侧 2012986 开户行及账号：工行鼓楼办 120000888524			备注	顺丰物资公司 1302006012688623F7 发票专用章		

收款人：王萧　　　　复核：姚恬　　　　开票人：王萧　　　　销售方：（章）

第二联：抵扣联　购买方扣税凭证

附件 6-5

河北增值税专用发票

发　票　联

13001025300　　　　　　　　　　　　　　№ 00456645

校验码 58129 24126 26316 69702　　　　　　开票日期：2×21 年 12 月 8 日

购买方	名　　称：凤鑫市永昌电机制造公司 纳税人识别号：130203987654321G9E 地 址、电 话：建设路 27 号 2078558 开户行及账号：工行华岩办 00886644			密码区	>125>63676/+823*1389　加密版本：01 +634<>76<941>6/6/-009　1302595858 -4>1>/5<^+9_8786>3452　02995604		
货物或应税劳务、服务名称	规格型号	单位	数　量	单　价	金　额	税率	税　额
木材		立方米	3	400.00	1 200.00	13%	156.00
合　　计					¥1 200.00		¥156.00
价税合计（大写）	⊗壹仟叁佰伍拾陆元整					（小写）¥1 356.00	
销售方	名　　称：顺丰物资公司 纳税人识别号：1302006012688623F7 地 址、电 话：大庆道北侧 2012986 开户行及账号：工行鼓楼办 120000888524			备注	顺丰物资公司 1302006012688623F7 发票专用章		

收款人：王萧　　　　复核：姚恬　　　　开票人：王萧　　　　销售方：（章）

第三联：发票联　购买方记账凭证

附件 7-1

（邮） **托收承付凭证** （承付支款通知） 委托号码 第 号

5

承付期
到期 年 月 日

委托日期 2×21 年 12 月 10 日

汇款人	全称	凤鑫市永昌电机制造公司	收款人	全称	上海市东方铁厂
	账号或地址	00886644		账号或地址	4589096678
	开户银行	工行华岩办		开户银行	工行上海崇明支行　行号

金额	人民币（大写）	千	百	十	万	千	百	十	元	角	分
	贰万叁仟肆佰玖拾壹元贰角整			¥	2	3	4	9	1	2	0

附件	商品发运情况	合同名称号码
附寄单证张数或册数		

备注：	付款人注意： 1. 根据结算办法规定，上列托收款项，在承付期限内未拒付时，即视同全部承付。如系全额支付即以此联代支款通知，如遇延付或部分支付时，再由银行另送延付或部分支付的支款通知。 2. 如需提前承付或多承付时，应另写书面通知送银行办理。 3. 如系全部或部分拒付，应在承付期限内另填拒绝承付理由书送银行办理。

中国工商银行 凤鑫市华岩分理处 2×21.12.10 转讫

单位主管：杨娟　会计：余勇　复核：郭立红　付款人开户银行盖章　2×21 年 12 月 10 日

附件 7-2

上海增值税专用发票

抵扣联

31001025300　№ 0018945

校验码 58129 24566 26316 69709　开票日期：2×21 年 12 月 10 日

购买方	名称：凤鑫市永昌电机制造公司 纳税人识别号：130203987654321G9E 地址、电话：建设路 27 号 2078558 开户行及账号：工行华岩办 00886644	密码区	>7+70>63676/+819*5367　加密版本：01 +344<>76<941>6/6/-009　1302595859 -8>7>/5<^+9_8786>3423　02995623

货物或应税劳务、服务名称	规格型号	单位	数量	单价	金额	税率	税额
生铁		千克	8 000	2.56	20 480.00	13%	2 662.40
合计					¥20 480.00		¥2 662.40
价税合计（大写）	⊗贰万叁仟壹佰肆拾贰元肆角整					（小写）	¥ 23 142.40

销售方	名称：上海市东方铁厂 纳税人识别号：31023013440865012B 地址、电话：上海市崇明区人民路 2135645 开户行及账号：工行上海崇明支行 12000089224	备注	上海市东方铁厂 31023013440865012B 发票专用章

收款人：刘锡　复核：孙一梦　开票人：刘淼　销售方：（章）

第二联：抵扣联 购买方扣税凭证

附件 7-3

上海增值税专用发票

发 票 联

31001025300　　　　　　　　　　　　　　　　№ 0018945

校验码 58129 24566 26316 69709　　　　　　　　开票日期：2×21 年 12 月 10 日

购买方	名　　称：凤鑫市永昌电机制造公司 纳税人识别号：130203987654321G9E 地 址、电 话：建设路 27 号 2078558 开户行及账号：工行华岩办 00886644	密码区	>7+70>63676/+819*5367　加密版本：01 +344<>76<941>6/6/-009　1302595859 -8>7>/5<^+9_8786>3423　02995623

货物或应税劳务、服务名称	规格型号	单位	数　量	单　价	金　额	税率	税　额
生铁		千克	8 000	2.56	20 480.00	13%	2 662.40
合　　计					¥20 480.00		¥2 662.40
价税合计（大写）	⊗贰万叁仟壹佰肆拾贰元肆角整					（小写）	¥ 23 142.40

销售方	名　　称：上海市东方铁厂 纳税人识别号：310230134408650 12B 地 址、电 话：上海市崇明区人民路 2135645 开户行及账号：工行上海崇明支行 12000089224	备注	上海市东方铁厂 310230134408650 12B 发票专用章

收款人：刘锡　　　　复核：孙一梦　　　　开票人：刘淼　　　　销售方：（章）

第三联：发票联　购买方记账凭证

附件 7-4

上海增值税普通发票

发 票 联

23001024311　　　　　　　　　　　　　　　　№ 08449581

校验码 81428 59170 01972 89377　　　　　　　　开票日期：2×21 年 12 月 10 日

购买方	名　　称：凤鑫市永昌电机制造公司 纳税人识别号：130203987654321G9E 地 址、电 话：建设路 27 号 2078558 开户行及账号：工行华岩办 00886644	密码区	>5863>632510/+819*1386 ：017890 +348<>76<5214036>-098+908766 1402595858<>76<941>6*0231523 -8>1>/5<^+9_8786>34457236804

货物或应税劳务、服务名称	规格型号	单位	数　量	单　价	金　额	税率	税　额
生铁运费					320.00	9%	28.80
合　　计					¥320.00		¥28.80
价税合计（大写）	⊗叁佰肆拾捌元捌角整					（小写）	¥348.80

销售方	名　　称：上海市物流有限公司 纳税人识别号：310221564158763E7N 地 址、电 话：上海市长虹路 48 号 6025894 开户行及账号：工行长虹办 6220009543216358749	备注	上海市物流有限公司 310221564158763E7N 发票专用章

收款人：方惠　　　　复核：康林　　　　开票人：么雅英　　　　销售方：（章）

第二联：发票联　购买方记账凭证

附件 8-1

入 库 单

2×21年12月10日　　　　金额单位：元

品 名	规 格	单 位	数 量	计划单价	金 额	供应单位
B3钢板	&-1.2	千克	2 000	3.40	6 800.00	第八机械厂
A3角钢	25×25×3	千克	1 000	3.40	3 400.00	第八机械厂
A3角钢	30×30×3	千克	1 000	3.40	3 400.00	第八机械厂
A3圆钢	Φ6mm	千克	1 000	3.00	3 000.00	第八机械厂
A3圆钢	Φ8mm	千克	1 000	3.00	3 000.00	第八机械厂
A3圆钢	Φ10mm	千克	1 000	3.00	3 000.00	第八机械厂
A3钢管	25×3	千克	500	3.40	1 700.00	第八机械厂
A3扁钢	25×3	千克	500	3.60	1 800.00	第八机械厂
木材		立方米	3	320.00	960.00	顺丰物资公司
生铁		千克	8 000	2.70	21 600.00	上海市东方铁厂
生铁		千克	4 000	2.70	10 800.00	第八机械厂
电机		台	100	160.00	16 000.00	第八机械厂
合 计					¥75 460.00	

附件 9-1

出 库 单

2×21年12月10日　　　　金额单位：元

品 名	规 格	单 位	数 量	单 价	金 额	用 途
生铁		千克	4 500	2.70	12 150.00	铸1001#
焦炭		吨	1	350.00	350.00	铸1001#
钢板		千克	10 037.50	3.40	34 127.50	加工车间
齿轮		千克	700	7.00	4 900.00	破1002#
B3钢板	&-1.2	千克	300	3.40	1 020.00	机修生产
A3圆钢	Φ6mm	千克	100	3.00	300.00	机修生产
A3圆钢	Φ8mm	千克	100	3.00	300.00	铸造车间机器修理
A3圆钢	Φ10mm	千克	100	3.00	300.00	管理部门修理
A3角钢	30×30×3	千克	800	3.40	2 720.00	破1002#
煤		吨	2	100.00	200.00	供电生产
合 计					¥56 367.50	

附件 10-1

半成品入库单

2×21年12月10日　　　　金额单位：元

品 名	规 格	单 位	数 量	单 价	金 额	生产车间或批号
减速机架		件	60	140.00	8 400.00	铸1001#

保管：郭立红　　　　交库人：曾一凡

附件 11-1

差旅费报销单

附原始单据：5张　　　　　　　　　　　　　　　　　　　　　　2×21年12月11日　填报

出差人姓名：毕静安　　　　　　出差事由及天数：采购原料　共2天

月	日	时	车种	车次	起点	月	日	时	终点	车船费	夜间乘车补助		途中补助		住勤补助		市内交通	旅馆费	其他	小计
											标准	金额	天数	金额	天数	金额				
12	9				凤鑫	12	9		天津	28			3	144			40	150		362
12	11				天津	12	11		凤鑫	38										38

金额合计（大写）：肆佰元整　　　　　　　　　　　　　　合计（小写）：¥400.00

领导批示：李世祥　　　财务审核意见：陈梦洁　　　部门负责人：王浩龙　　　报销人：毕静安

附件 11-2

H0061770

凤鑫（售）

凤鑫→天津　　　　　　　　　　　　1408次

2×21年12月9日　　09：13开　　03车018号

全　价　28.00元　　新空调硬座普快卧

限乘当日当次车

在3日内到有效

附件 11-3

H0078915

天津（售）

天津→凤鑫　　　　　　　　　　　　1409次

2×21年12月11日　　12：58开　　08车023号

全　价　28.00元　　新空调硬座普快卧

限乘当日当次车

在3日内到有效

附件 11-4

天津市客运出租车

定　额　发　票

第二联：发票

肆拾　元

客运二联（01）

收款单位盖章

附件 11-5

天津市火车站

订

票　手续费

送

拾　元

A074269

附件 11-6

天津市旅馆（招待所）发票

发票联

客户名称：凤鑫市永昌电机制造公司　　　　　　　　　　　　2×21年12月10日

项目	人数	天数	单价	金额	备注
招待费	1	2	75.00	150.00	

合计人民币（大写）壹佰伍拾元整　　　　　　　　　　　　¥150.00

天津市温馨旅馆
3105246758496509R7
发票专用章

第二联：客户收执

单位（章）　　　　　　　　　　　　开票人：严妍

附件 11-7

原始单据粘贴单

装订线

原始单据________张

经办人______

附件 12-1

中国工商银行（冀）
转账支票存根
10201328
08198701

附加信息________________

出票日期：2×21年12月11日

收款人：	上海证券公司凤鑫营业部
金　额：	¥100 000.00
用　途：	买股票

单位主管：　　　　会计：

附件 12-2

上海证券公司
凤鑫营业部客户存款凭条

［存款］

流水号：390　　　　2×21年12月11日

户名：凤鑫市永昌电机制造公司 存入金额：壹拾万元整 上海账号：	¥100 000.00	委托人签名 李达明

操作员：980　　　　复核员：赵达

附件 13-1

付款期 壹个月

中国工商银行　4

银　行　汇　票（多余款收账通知）

签发日期：贰某贰壹年壹拾贰月壹拾贰日
（大写）

兑付地点：天津　　兑付行：工行和平办　　行号：2564	
收款人：天津市海河机械厂	账号或住址：807951
汇款金额人民币（大写）壹万伍仟元整	
实际结算金额人民币（大写）壹万叁仟捌佰叁拾壹元贰角整	¥13 831.20

汇款人：凤鑫市永昌电机制造公司　　账号或住址：00886644

签发行：工行华岩办　　行号：

汇款用途：购货

签发行盖章　　年　月　日

（印章：中国工商银行 天津市和平分理处 2×21.12.12 转讫）

多余金额
¥1 168.80

左列退回多余金额已收入你账户内

财务主管　　复核　　经办

此联签发行结清后交汇款人

附件 13-2

天津增值税专用发票

（印章：全国统一发票监制章 天津 国家税务总局监制）

12001025300　　抵扣联　　№ 0045645

校验码 25329 24566 24616 65899　　开票日期：2×21 年 12 月 12 日

购买方	名　　称：凤鑫市永昌电机制造公司 纳税人识别号：130203987654321G9E 地 址、电 话：建设路 27 号　2078558 开户行及账号：工行华岩办 00886644			密码区	>2+36>12356/+819*1365　加密版本：01 +344<>76<941>6/6/-009　1302525858 -7>3>/5<^+9_8786>3452　02995604		
货物或应税劳务、服务名称	规格型号	单位	数量	单　价	金　额	税率	税　额
齿轮		千克	1 800	6.80	12 240.00	13%	¥1 591.20
合　计					¥12 240.00		¥1 591.20
价税合计（大写）	⊗壹万叁仟捌佰叁拾壹元贰角整				（小写）¥13 831.20		
销售方	名　　称：天津市海河机械厂 纳税人识别号：310589575858650076D 地 址、电 话：天津市和平路 2156112 开户行及账号：天津工行和平办 13000077552			备注	（印章：天津市海河机械厂 310589575858650076D 发票专用章）		

收款人：肖楠　　复核：程成　　开票人：郑涵　　销售方：（章）

第二联：抵扣联　购买方扣税凭证

附件 13-3

天津增值税专用发票

12001025300　　发　票　联　　№ 0045645

校验码 25329 24566 24616 65899　　开票日期：2×21 年 12 月 12 日

购买方	名　　称：凤鑫市永昌电机制造公司 纳税人识别号：130203987654321G9E 地 址、电 话：建设路 27 号　2078558 开户行及账号：工行华岩办 00886644	密码区	>2+36>12356/+819*1365　加密版本：01 +344<>76<941>6/6/-009　1302525858 -7>3>/5<^+9_8786>3452　02995604

货物或应税劳务、服务名称	规格型号	单位	数　量	单　价	金　额	税率	税　额
齿轮		千克	1 800	6.80	12 240.00	13%	1 591.20
合　计					¥12 240.00		¥1 591.20
价税合计（大写）	⊗壹万叁仟捌佰叁拾壹元贰角整						（小写）¥13 831.20

销售方	名　　称：天津市海河机械厂 纳税人识别号：31058957585865076D 地 址、电 话：天津市和平路 2156112 开户行及账号：天津工行和平办 13000077552	备注	天津市海河机械厂 31058957585865076D 发票专用章

收款人：肖楠　　复核：程成　　开票人：郑函　　销售方：（章）

第三联：发票联　购买方记账凭证

附件 14-1

产成品入库单

交库部门：生产车间　　2×21 年 12 月 12 日　　第　号

产品名称	计量单位	交付数量	检验结果		实收数量	用途或原因
			合格	不合格		
2#破碎机	台	10	10		10	完工入库
减速机	台	45	45		45	完工入库

附件 15-1

中国工商银行（冀）

转账支票存根

10201328

08198702

附加信息＿＿＿＿＿＿＿＿

出票日期：2×21 年 12 月 12 日

收款人：	凤鑫市水泥厂
金　额：	¥8 860.00
用　途：	购水泥、沙子款

单位主管：　　会计：

附件 15-2

河北增值税专用发票

抵 扣 联

13001025300　　　　№ 0045685

校验码 45639 24566 45689 65899　　　　开票日期：2×21 年 12 月 12 日

购买方	名　　称：凤鑫市永昌电机制造公司 纳税人识别号：130203987654321G9E 地 址、电 话：建设路 27 号　2078558 开户行及账号：工行华岩办 00886644			密码区	>5+25>63676/+819*5639　加密版本：01 +344<>76<941>6/6/-009　1302595858 -3>2>/5<^+9_8786>3446　02995604		
货物或应税劳务、服务名称	规格型号	单位	数 量	单 价	金 额	税率	税 额
水泥		吨	5	800.00	4 000.00	13%	520.00
沙子		吨	25	153.628	3 840.71	13%	499.29
合　计					¥7 840.71		¥1 019.29
价税合计（大写）	⊗捌仟捌佰陆拾元整						（小写）¥8 860.00
销售方	名　　称：凤鑫市水泥厂 纳税人识别号：13020204821583357D 地 址、电 话：路南区胜利路 2296356 开户行及账号：商业银行路南支行 1300008955555			备注	凤鑫市水泥厂 13020204821583357D 发票专用章		

收款人：李里　　复核：　　开票人：　　销售方：（章）

第二联：抵扣联　购买方扣税凭证

附件 15-3

河北增值税专用发票

发 票 联

13001025300　　　　№ 0045685

校验码 45639 24566 45689 65899　　　　开票日期：2×21 年 12 月 12 日

购买方	名　　称：凤鑫市永昌电机制造公司 纳税人识别号：130203987654321G9E 地 址、电 话：建设路 27 号　2078558 开户行及账号：工行华岩办 00886644			密码区	>5+25>63676/+819*5639　加密版本：01 +344<>76<941>6/6/-009　1302595858 -3>2>/5<^+9_8786>3446　02995604		
货物或应税劳务、服务名称	规格型号	单位	数 量	单 价	金 额	税率	税 额
水泥		吨	5	800.00	4 000.00	13%	520.00
沙子		吨	25	153.628	3 840.71	13%	499.29
合　计					¥7 840.71		¥1 019.29
价税合计（大写）	⊗捌仟捌佰陆拾元整						（小写）¥8 860.00
销售方	名　　称：凤鑫市水泥厂 纳税人识别号：13020204821583357D 地 址、电 话：路南区胜利路　2296356 开户行及账号：商业银行路南支行 1300008955555			备注	凤鑫市水泥厂 13020204821583357D 发票专用章		

收款人：李里　　复核：　　开票人：　　销售方：（章）

第三联：发票联　购买方记账凭证

附件 16-1

商业承兑汇票　　2

汇票号码

出票日期（大写）：贰某贰壹年壹拾贰月壹拾贰日　　　　第 6 号

<table>
<tr><td rowspan="3">付款人</td><td>全　称</td><td>凤鑫市煤矿物资公司</td><td rowspan="3">收款人</td><td>全　称</td><td colspan="3">凤鑫永昌电机制造公司</td></tr>
<tr><td>账　号</td><td>00557744</td><td>账　号</td><td colspan="3">00886644</td></tr>
<tr><td>开户行</td><td>工行堡办</td><td>开户银行</td><td>工行华岩办</td><td>行号</td><td></td></tr>
<tr><td colspan="2">汇票金额</td><td colspan="6">人民币（大写）伍万元整　　¥50 000.00</td></tr>
<tr><td colspan="2">汇票到期日</td><td colspan="2">2×22 年 2 月 12 日</td><td colspan="2">交易合同号码</td><td colspan="2">008</td></tr>
<tr><td colspan="4">本汇票已经承兑，到期无条件支付票款
承兑人签章
承兑日期 2×21 年 12 月 12 日</td><td colspan="4">本汇票请予以承兑
于到期日付款
出票人签章</td></tr>
</table>

此联持票人开户行随委托收款凭证寄付款人开户行作借方凭证附件

附件 16-2

（商业承兑汇票 2 背面）

被背书人	被背书人	被背书人
背书人签章 年　月　日	背书人签章 年　月　日	背书人签章 年　月　日

粘贴单处

附件 16-3

商业承兑汇票（存根）　　3

汇票号码

出票日期（大写）：贰某贰壹年壹拾贰月壹拾贰日　　　　第 6 号

<table>
<tr><td rowspan="3">付款人</td><td>全　称</td><td>凤鑫市煤矿物资公司</td><td rowspan="3">收款人</td><td>全　称</td><td colspan="3">凤鑫市永昌电机制造公司</td></tr>
<tr><td>账　号</td><td>00557744</td><td>账　号</td><td colspan="3">00886644</td></tr>
<tr><td>开户行</td><td>工行堡办</td><td>开户银行</td><td>工行华岩办</td><td>行号</td><td></td></tr>
<tr><td colspan="2">汇票金额</td><td colspan="6">人民币（大写）伍万元整　　¥50 000.00</td></tr>
<tr><td colspan="2">汇票到期日</td><td colspan="2">2×22 年 2 月 12 日</td><td colspan="2">交易合同号码</td><td colspan="2">008</td></tr>
<tr><td colspan="4">备注：
负责：程全　　经办：黄河</td><td colspan="4"></td></tr>
</table>

此联出票人存查

附件 16-4

中国工商银行进账单（收账通知） 3

2×21年12月12日

<table>
<tr><td rowspan="3">收款人</td><td>全　称</td><td>凤鑫市永昌电机制造公司</td><td rowspan="3">付款人</td><td>全　称</td><td colspan="10">凤鑫市煤矿物资公司</td></tr>
<tr><td>账　号
或住址</td><td>00886644</td><td>账　号</td><td colspan="10">00557744</td></tr>
<tr><td>开　户
银　行</td><td>工行华岩办</td><td>开　户
银　行</td><td colspan="10">工行堡办</td></tr>
<tr><td rowspan="2">金额</td><td rowspan="2">人民币
（大写）</td><td rowspan="2" colspan="3">贰万元整</td><td>千</td><td>百</td><td>十</td><td>万</td><td>千</td><td>百</td><td>十</td><td>元</td><td>角</td><td>分</td></tr>
<tr><td></td><td></td><td>¥</td><td>2</td><td>0</td><td>0</td><td>0</td><td>0</td><td>0</td><td>0</td></tr>
<tr><td colspan="2">票据种类</td><td>支票</td><td rowspan="3" colspan="12">中国工商银行
凤鑫市华岩分理处
2×21.12.12
转讫
收款人开户行盖章</td></tr>
<tr><td colspan="2">票据张数</td><td>壹</td></tr>
<tr><td colspan="3">单位
主管　　会计　　复核　　记账</td></tr>
</table>

此联是收款人开户行给收款人的收账通知　不作为提货依据

附件 18-1

领　料　单

材料类别：低值易耗品　　　　2×21年12月14日　　　　领单号：12-12

<table>
<tr><td colspan="2">产品名称及用途</td><td colspan="2">一般消耗</td><td colspan="4">工程编号</td></tr>
<tr><td rowspan="2">领用部门</td><td rowspan="2">材料名称</td><td rowspan="2">规　格</td><td rowspan="2">单　位</td><td colspan="2">数　量</td><td rowspan="2">计划单价</td><td rowspan="2">总　价</td></tr>
<tr><td>请领</td><td>实发</td></tr>
<tr><td>铸造车间</td><td>工作服</td><td></td><td>套</td><td>26</td><td>20</td><td>60.00</td><td>1 200.00</td></tr>
<tr><td>加工车间</td><td>量具</td><td></td><td>件</td><td>5</td><td>5</td><td>50.00</td><td>250.00</td></tr>
<tr><td>破碎机车间</td><td>刃具</td><td></td><td>件</td><td>15</td><td>15</td><td>68.00</td><td>1 020.00</td></tr>
</table>

<table>
<tr><td rowspan="2">发料部门</td><td>审核员</td><td>发料员</td><td rowspan="2">领用部门</td><td>主管</td><td>领料</td><td rowspan="2">备注</td><td rowspan="2">采用一次摊销法</td></tr>
<tr><td></td><td></td><td></td><td></td></tr>
</table>

第二联：财务科核算

附件 19-1

预付款项申请表

2×21 年 12 月 14 日

申请金额：40 000.00	批准金额：40 000.00	预付方式：转账支票
收款单位：凤鑫市钢铁厂	收款单位开户银行：工行唐钢办	账号：0220067428
预付内容： 预购生铁 合同（协议）总金额：80 000.00　　已预付款： 附合同________份，书面协议________份，合同号__________		
预计到货或工程完工时间：		
批准人：李世祥　　　总会计师：		
执行情况		

①存根联附传票

单位主管：陈梦洁　　　申请人：　　　财务经办：李秋菊

附件 19-2

中国工商银行（冀）
转账支票存根
10201328
08198703
附加信息______________________________
____
____
出票日期：2×21 年 12 月 14 日

收款人：凤鑫市钢铁厂
金　额：¥40 000.00
用　途：购生铁

单位主管：　　　会计：

附件 20-1

考勤统计表

编报单位：凤鑫市永昌电机制造公司　　　2×21 年 12 月

姓名	出勤分类						缺勤分类				备注
	出勤	加班	迟到	早退	中班	夜班	公假	工伤假	病假	事假	
王伟	21	2			3	3					
张华	18	3			2	2			2	1	
石光	21	2									
⋮											
合计	260	20			12	7			6	5	

部门负责人：牛强　　　考勤员：马小兰　　　审核单位：劳资科　　　报出日期：12 月 15 日

注：该厂实行计时工资形式。日工资=月基础工资÷每月平均法定工作日数（21 天）。

其他车间和部门的工资计算略。

附件 20-2

凤鑫市永昌电机制造公司有关工资结算费用标准

单位：**铸造车间木模组**

项　目	单　位	金　额	项　目	单　位	金　额	项　目	单　位	金　额
加班加点	1班次	18.00	经常性生产奖	人	48.00			
中班津贴	1班次	5.00	粮油副食价格补贴	人	24.00			
夜班津贴	1班次	8.00						
说　明	经常性生产奖：凡每月出勤满20天以上者，人均48元；20天以下者，每缺勤一天，扣2元							

此标准自2×20年1月1日起施行。

附件 20-3

凤鑫市永昌电机制造公司职工工资卡片

建卡日期：***2×09.10.31*** 　　编号：***00494***

姓　名	王伟	性别	男	民族	汉	出生年月日	1986.03.12
参加工作时间	2×09.10	进厂时间	2×09.10	工种	木模	签合同日期	

所属部门及工资津贴标准										
2×21年		车间（部门）	工龄	职务	级别	工资标准	岗位工资	浮动工资	基础工资	变动记录
月	日									
12	1	铸造-木模	9	技工	6	186.00	150.00	7.00	343.00	

附件 20-4

凤鑫市永昌电机制造公司职工工资卡片

建卡日期：***2×08.02.28*** 　　编号：***00386***

姓　名	石光	性别	男	民族	汉	出生年月日	1986.07.24
参加工作时间	2×08.02	进厂时间	2×08.02	工种	木模	签合同日期	

所属部门及工资津贴标准										
2×21年		车间（部门）	工龄	职务	级别	工资标准	岗位工资	浮动工资	基础工资	变动记录
月	日									
12	1	铸造-木模	10	技工	7	217.00	126.50	7.00	350.50	

附件 20-5

凤鑫市永昌电机制造公司职工工资卡片

建卡日期：***2×15.12*** 　　编号：***00408***

姓　名	张华	性别	男	民族	汉	出生年月日	1994.09.03
参加工作时间	2×15.12	进厂时间	2×15.12	工种	木模	签合同日期	

所属部门及工资津贴标准										
2×21年		车间（部门）	工龄	职务	级别	工资标准	岗位工资	浮动工资	基础工资	变动记录
月	日									
12	1	铸造-木模	3	技工	2	128.50	75.00	6.50	210.00	

附件 20-6

凤鑫市永昌电机制造公司职工扣款通知单

车间或部门：铸造车间　　　　2×21 年 12 月　　　　单位：元

扣款项目 / 被扣款人	医疗保险	失业保险	养老保险	扣款金额合计
木　模				
王伟	12.00	6.00	8.00	26.00
石光	12.00	6.00	14.00	32.00
张华	12.00	6.00	15.00	33.00
合　计				
扣款部门盖章	（略）			报出日期 2×21.12.15

附件 20-7

六个月以内病假期间工资待遇的有关规定

工　龄	不满 2 年	2～4 年	4～6 年	6～8 年	8 年及以上
病假工资占本人基础工资的百分比	60%	70%	80%	90%	100%

附件 20-8

工资结算表

部门：铸造车间木模组　　　　2×21 年 12 月　　　　单位：元

姓　名	月基础工资	奖金	津贴和补贴		加班工资	应扣工资		应付工资	代扣款项				实发金额	领款人签字
			中夜班津贴	副食补贴		病假	事假		医疗保险	失业保险	养老保险	小计		
赵小红	312	48		24				384	2	8	19	29	355	
钱　华	312	48		24				384	6	8	23	37	347	
孙　莹	310	48		24				382	4	8	11	23	359	
王　伟														
石　光														
吴　迁	298.65	48		24	12			382.65	2	6	12	20	362.65	
郑金林	293.95	48	12	24			7	370.95	2	6	6	14	356.95	
王　东	276.50	48		24	12	2.40		358.10	2	6	5	13	345.10	
张　华														
合　计														

会计：李秋菊　　主管：陈梦洁　　复核：聂军　　2×21 年 12 月　编制

附件 20-9

工资结算表

部门：铸造车间　　　　　　　　2×21年12月　　　　　　　　单位：元

姓　名	月基础工资	奖金	津贴和补贴		加班工资	应扣工资		应付工资	代扣款项				实发金额	领款人签字
			中夜班津贴	副食补贴		病假	事假		医疗保险	失业保险	养老保险	小计		
1.生产工人														
木　模														
造　型	1 365	120	110	313.80	120	35	28		75	92	65			
冶　炼	1 132	210	26	110	20	50	86		20	9	31			
浇　铸	821	220	37	90	53	92	82		72	80	54			
清　砂	1 090	150	58	119	102	79	57		63	85	60			
小　计														
2.管理人员	832	150	65	100	98	20	35		32	11	15			
合　计														

会计：李秋菊　　　主管：陈梦洁　　　复核：聂军　　　2×21年12月　编制

附件 21-1

中国工商银行进账单（收账通知）　3

2×21年12月15日

收款人	全　称	凤鑫市永昌电机制造公司	汇款人	全　称	凤鑫市铝厂
	账　号或住址	00886644		账　号	8080612
	开　户银　行	工行华岩办		开　户银　行	农行飞云办

金额	人民币（大写）叁万元整	千	百	十	万	千	百	十	元	角	分
				¥	3	0	0	0	0	0	0

票据种类	支票
票据张数	壹

单位主管　　会计李秋菊　　复核　　记账

中国工商银行
凤鑫市华岩分理处
2×21.12.15
转讫

收款人开户行盖章

此联是收款人开户行给收款人的收账通知

不作为提货依据

附件 22-1

中国工商银行（冀）
转账支票存根
10201328
08198704

附加信息________________________

____

____

出票日期：2×21年12月15日

收款人：	凤鑫市红星制药厂
金　额：	¥20 350.00
用　途：	购药款

单位主管：　　　　会计：

附件 22-2

河北省凤鑫市医药业零售发票

客户名称：凤鑫市永昌电机制造公司　　　　2×21年12月15日

品　　名	单　位	数　量	单　价	金　额
葡萄糖注射液	瓶	100	4.60	460.00
柴胡注射液	盒	820	1.00	820.00
安痛定注射液	盒	1 000	2.30	2 300.00
感冒清胶囊	盒	500	2.00	1 000.00
感冒通	盒	10 000	1.50	15 000.00
麦迪霉素	片	1 000	0.15	150.00
抗菌优	片	500	0.08	40.00
去痛片	片	1 000	0.03	30.00
红霉素	片	1 000	0.55	550.00
合计人民币（大写）贰万零叁佰伍拾元整				¥20 350.00

第二联：报销凭证

单位（章）　　　　收款人：王平　　　　经手人：刘凤

附件 23-1

12/15/2×21　上海证券公司凤鑫营业部债券过户交割凭单			买
编　　号：	A453765290（存）	成交债券：	上海平乐日化公司
电脑编号：	564733	成交金额：	50 000.00
公司代号：	0970	标准佣金：	500.00
申请编号：	8190		
申请时间：	08：15：45		
成交时间：	08：35：58		

附件 24-1

河北增值税专用发票

抵 扣 联

13001025300　　　　№ 01398545

校验码 95639 12356 45689 65899　　　　开票日期：2×21 年 12 月 15 日

购买方	名　　称：凤鑫市永昌电机制造公司 纳税人识别号：130203987654321G9E 地 址、电 话：建设路 27 号 2078558 开户行及账号：工行华岩办 00886644	密码区	>8+72>63676/+819*1256　加密版本：01 +326<>76<941>6/6/-009　1302523658 -7>5>/5<^+9_8786>3452　02995534

货物或应税劳务、服务名称	规格型号	单位	数量	单价	金额	税率	税额
汽车		辆	1	53 097.35	53 097.35	13%	6 902.65
合　计					¥53 097.35		¥6 902.65
价税合计（大写）	⊗陆万元整						（小写）¥60 000.00

销售方	名　　称：汽车贸易公司 纳税人识别号：13020310476255289S 地 址、电 话：凤鑫市路北区站前路 2456985 开户行及账号：工行光明路营业部 00234561	备注	汽车贸易公司 13020310476255289S 发票专用章

收款人：　　复核：何练　　开票人：何波　　销售方：（章）

第二联：抵扣联　购买方扣税凭证

附件 24-2

河北增值税专用发票

发 票 联

13001025300　　　　№ 01398545

校验码 95639 12356 45689 65899　　　　开票日期：2×21 年 12 月 15 日

购买方	名　　称：凤鑫市永昌电机制造公司 纳税人识别号：130203987654321G9E 地 址、电 话：建设路 27 号 2078558 开户行及账号：工行华岩办 00886644	密码区	>8+72>63676/+819*1256　加密版本：01 +326<>76<941>6/6/-009　1302523658 -7>5>/5<^+9_8786>3452　02995534

货物或应税劳务、服务名称	规格型号	单位	数量	单价	金额	税率	税额
汽车		辆	1	53 097.35	53 097.35	13%	6 902.65
合　计					¥53 097.35		¥6 902.65
价税合计（大写）	⊗陆万元整						（小写）¥60 000.00

销售方	名　　称：汽车贸易公司 纳税人识别号：13020310476255289S 地 址、电 话：凤鑫市路北区站前路 2456985 开户行及账号：工行光明路营业部 00234561	备注	汽车贸易公司 13020310476255289S 发票专用章

收款人：　　复核：何练　　开票人：何波　　销售方：（章）

第三联：发票联　购买方记账凭证

附件 25-1

天津增值税专用发票

抵扣联

12001025300　　　　　　　　№ 01315945

校验码 03688 12356 45689 65899　　　　　　　　开票日期：2×21 年 12 月 16 日

购买方	名　　称：凤鑫市永昌电机制造公司 纳税人识别号：130203987654321G9E 地 址、电 话：建设路 27 号 2078558 开户行及账号：工行华岩办 00886644			密码区	>2+19>63426/+819*1536　加密版本：01 +344<>76<941>6/6/-009　1302595858 -8>5>/5<^+9_2566>3232　02995604		
货物或应税劳务、服务名称	规格型号	单位	数　量	单　价	金　额	税率	税　额
破碎机架		件	60	160.00	9 600.00	13%	1 248.00
合　　计					¥9 600.00		¥1 248.00
价税合计（大写）	⊗壹万零捌佰肆拾捌元整						（小写）¥10 848.00
销售方	名　　称：天津市机械设备公司 纳税人识别号：03620109200097969C 地 址、电 话：天津兴科路 2665596 开户行及账号：工行兴科支行 00123456			备注	天津市机械设备公司 03620109200097969C 发票专用章		

收款人：　　　　复核：孙波　　　　开票人：孙叔　　　　销售方：（章）

第二联：抵扣联　购买方扣税凭证

附件 25-2

天津增值税专用发票

发　票　联

12001025300　　　　　　　　№ 01315945

校验码 03688 12356 45689 65899　　　　　　　　开票日期：2×21 年 12 月 16 日

购买方	名　　称：凤鑫市永昌电机制造公司 纳税人识别号：130203987654321G9E 地 址、电 话：建设路 27 号 2078558 开户行及账号：工行华岩办 00886644			密码区	>2+19>63426/+819*1536　加密版本：01 +344<>76<941>6/6/-009　1302595858 -8>5>/5<^+9_2566>3232　02995604		
货物或应税劳务、服务名称	规格型号	单位	数　量	单　价	金　额	税率	税　额
破碎机架		件	60	160.00	9 600.00	13%	1 248.00
合　　计					¥9 600.00		¥1 248.00
价税合计（大写）	⊗壹万零捌佰肆拾捌元整						（小写）¥10 848.00
销售方	名　　称：天津市机械设备公司 纳税人识别号：03620109200097969C 地 址、电 话：天津兴科路 2665596 开户行及账号：工行兴科支行 00123456			备注	天津市机械设备公司 03620109200097969C 发票专用章		

收款人：　　　　复核：孙波　　　　开票人：孙叔　　　　销售方：（章）

第三联：发票联　购买方记账凭证

附件 26-1

中国工商银行（冀） 转账支票存根 10201328 08198705	
附加信息	
出票日期：2×21年12月16日	
收款人：	华益集团公司
金　额：	¥3 984.96
用　途：	归还欠款
单位主管：	会计：

附件 27-1

银行承兑汇票　　2

签发日期：2×21年12月16日　　　　汇票号码：第8号

收款人	全　称	凤鑫市永昌电机制造公司	出票人全称	大众金属公司		
	账　号	00886644	出票人账号	791496		
	开户行	工行华岩办	付款行全称	工行文化办	行号	
汇票金额		人民币（大写）贰万柒仟壹佰贰拾元整			¥27 120.00	
汇票到期日		2×21年12月26日	本汇票已经承兑，到期日由本行付款	承兑协议编号		
本汇票请你行承兑，到期无条件付款 大众金属公司 财务专用章 出票人签章 年　月　日			中国工商银行凤鑫市文化分理处 2×21.12.16 转讫 承兑行签章 承兑日期　年　月　日 备注：	科目（借） 对方科目（贷） 转账日期：2×21年12月16日 复核　　记账		

此联收款人开户行随结算凭证寄付款行作借方凭证附件

附件 27-2

河北增值税专用发票

13001025300 此联不作报销、扣税凭证使用 № 00236646

校验码 58989 24127 26316 69702 开票日期：2×21年12月16日

购买方	名　　称：大众金属公司 纳税人识别号：1302021048013733G4 地 址、电 话：卫国路5号 2469632 开户行及账号：工行文化办 13000084567	密码区	>9+90>63676/+819*1386 加密版本：01 +344<>76<941>6/6/-009 1302595858 -4>1>/5<^+9_8786>3452 02995604

货物或应税劳务、服务名称	规格型号	单位	数量	单价	金额	税率	税额
2#破碎机		台	10	2 400	24 000.00	13%	3 120.00
合　计					¥24 000.00		¥3 120.00
价税合计（大写）	⊗贰万柒仟壹佰贰拾元整						（小写）¥27 120.00

销售方	名　　称：凤鑫市永昌电机制造公司 纳税人识别号：130203987654321G9E 地 址、电 话：建设路27号 2078558 开户行及账号：工行华岩办 00886644	备注	凤鑫市永昌电机制造公司 130203987654321G9E 发票专用章

收款人： 复核：陈梦洁 开票人：李秋菊 销售方：（章）

第一联：记账联 销售方记账凭证

附件 28-1

领　料　单

材料类别：包装物

领用部门：供销科 2×21年12月17日 领单号：12-14

产品名称及用途	包装产品		工程编号			
材料名称	规格	单位	数额		实际单价	总价
			请领	实发		
包装木箱		个	30	30	25.64	769.20

发料部门	审核员	发料员	领用部门	主管	领料	备注	不单独计价
	刘步	孙浩		张强	武南		

第二联：财务科核算

附件 29-1

中国工商银行信汇凭证（收账通知或取款收据） 4

第　　号

应解汇款编号

委托日期 2×21 年 12 月 17 日

汇款人	全　称	新疆有色金属公司		收款人	全　称	凤鑫市永昌电机制造公司	
	账号或住址	5602030308			账　号或住址	00886644	
	汇　出地　点	新疆 省　市/县	汇出行名　称：工行城西办		汇　入地　点	省　凤鑫 市/县	汇入行名　称：工行华岩办
金额	人民币（大写）陆万贰仟元整				千 百 十 万 千 百 十 元 角 分	¥ 6 2 0 0 0 0 0	
汇款用途：货款					留行待取预留收款人印鉴		
款项已收入收款人账户　汇入行盖章　年　月　日		款项已收妥　收款人盖章　年　月　日			科目（借）_______　对方科目（贷）_______　汇入行解汇日期：2×21 年 12 月 17 日　复核　出纳　记账		

中国工商银行新疆城西办事处 2×21.12.17 转讫

中国工商银行凤鑫市华岩分理处 2×21.12.17 转讫

附件 30-1

工资结算汇总表

编报单位：凤鑫市永昌电机制造公司　　　　单位：元

部门名称	人员类别	月基础工资	奖金	津贴和补贴：中夜班津贴	津贴和补贴：物价补贴	加班加点工资	应扣工资：病假	应扣工资：事假	应付职工薪酬	代扣款项：医疗保险	代扣款项：失业保险	代扣款项：养老保险	代扣款项：小计	实收金额	领款人签字
铸造车间	生产工人														
	管理人员														
加工车间	生产工人	12 200	1 028	350	692	250	220	300		210	140	58			
	管理人员	1 742	120	40	120	40	25	37		88	100	60			
破碎机车间	生产工人	5 300	940	286	289	165	210	370		165	180	136			
	管理人员	1 650	130	81	120	75	36	20		125	40	49			
机修车间	生产工人	441	27	21	26	18	21	12		20	30	19			
	管理人员	300	46	34	28	21	10	19		20	10	21			
供电车间	生产工人	413	42	29	25	32	17	24		31	20	26			
	管理人员														
企业管理人员		1 076	140	152	165	240	175	98		170	120	104			
工程安装人员		784	79	60	101	50	38	36		51	50	45			
合　计															

会计：李秋菊　　主管：陈梦洁　　复核：聂军　　2×21 年 12 月 18 日编制

附件 31-1

中国工商银行（冀）
转账支票存根
10201328
08198706

附加信息__________

出票日期：2×21 年 12 月 18 日

收款人：	凤鑫市福利院
金　额：	¥51 793.00
用　途：	无偿捐赠

单位主管：　　　　会计：

附件 31-2

凤鑫市统一收款收据

2×21 年 12 月 18 日

今收到　凤鑫市永昌电机制造公司

交　来　捐赠费

人民币（大写）　伍万壹仟柒佰玖拾叁元整　　¥51 793.00

收款单位公章　（凤鑫市红十字会 财务专用章）

收款人　汪　成　　　交款人　王小平

第二联　收据

附件 32-1

固定资产盘点报告表

单位：凤鑫市永昌电机制造公司　　　　2×21 年 12 月 18 日

类　别	名　称	计量单位	数　量		盈　余		亏　短		盈　亏　原　因
			账存	实存	数量	估价	数量	估价	
固定资产	电动机	台	0	1	1	34 000.00			入库时，保管员漏记

会计：李秋菊　　　主管：　　　保管员：武小华　　　盘点人：张治　李进

注：已查明原因，经上报批准，计入当期损益。

附件 33-1

固定资产报废单

2×21 年 12 月 19 日

固定资产名称及编号	单位	数量	预计使用年限	已使用年限	原始价值	已提减值准备	备　注
车床	台	1	10 年	1 个月	30 200.00	1 600.00	
固定资产状况及报废原因	工作台破碎等原因						
处理意见	使用部门		技术鉴定小组		主管部门审批		
	无法修理		情况属实		同意报废		

附件 34-1

中国工商银行（冀）

现金支票存根

10201328

07499910

附加信息____________________

出票日期：2×21 年 12 月 20 日

收款人：	凤鑫市永昌电机制造公司
金　额：	¥35 721.00
用　途：	备发工资

单位主管：　　　　会计：

附件 36-1

中国工商银行（冀）

现金支票存根

10201328

08198707

附加信息____________________

出票日期：2×21 年 12 月 20 日

收款人：	明宇公司
金　额：	¥2 779.80
用　途：	购油漆款

单位主管：　　　　会计：

附件 36-2

河北增值税专用发票

抵　扣　联

1300102530　　　　№ 0225945

校验码 02555 12356 45689 65899　　　　开票日期：2×21 年 12 月 20 日

购买方	名　　称：凤鑫市永昌电机制造公司 纳税人识别号：130203987654321G9E 地 址 、电 话：建设路 27 号 2078558 开户行及账号：工行华岩办 00886644			密码区	>9+90>63676/+819*1386　加密版本：01 +344<>76<941>6/6/-009　1302595858 -4>1>/5<^+9_8786>3452　02995604		
货物或应税劳务、服务名称	规格型号	单位	数　量	单　价	金　额	税率	税额
油漆		千克	300	8.20	2 460.00	13%	319.80
合　　计					¥2 460.00		¥319.80
价税合计（大写）	⊗贰仟柒佰柒拾玖元捌角整					（小写）¥2 779.80	
销售方	名　　称：明宇公司 纳税人识别号：1302037008513166E8 地 址 、电 话：红安路 55 号 2411546 开户行及账号：商业银行河东支行 13001166			备注			

第二联：抵扣联　购买方扣税凭证

收款人：刘彬　　复核：宋小聘　　开票人：张浩　　销售方：（章）

明宇公司　1302037008513166E8　发票专用章

附件 36-3

河北增值税专用发票

发 票 联

（印章：河北 国家税务总局监制）

13001025300　　　　　　　　　　　　№ 0225945

校验码 02555 12356 45689 65899　　　　开票日期：2×21 年 12 月 20 日

购买方	名　　称：凤鑫市永昌电机制造公司 纳税人识别号：130203987654321G9E 地 址 、电 话：建设路 27 号 2078558 开户行及账号：工行华岩办 00886644	密码区	>9+90>63676/+819*1386　加密版本：01 +344<>76<941>6/6/-009　1302595858 -4>1>/5<^+9_8786>3452　02995604

货物或应税劳务、服务名称	规格型号	单位	数　量	单　价	金　额	税率	税额
油漆		千克	300	8.20	2 460.00	13%	319.80
合　　计					¥2 460.00		¥319.80
价税合计（大写）	⊗贰仟柒佰柒拾玖元捌角整					（小写）¥2 779.80	

销售方	名　　称：明宇公司 纳税人识别号：130203700851366E8 地 址 、电 话：红霞路 55 号 2411546 开户行及账号：商业银行河东支行 13001166	备注	（印章：明宇公司 130203700851366E8 发票专用章）

收款人：刘彬　　　　复核：宋小聘　　　　开票人：张浩　　　　销售方：（章）

第三联：发票联　购买方记账凭证

附件 37-1

入库凭证

单位：凤鑫市永昌电机制造公司　　　　2×21 年 12 月 20 日

品　名	规　格	单　位	数　量	单　价	金　额	供货单位
油漆		千克	300	8.00	2 400.00	明宇公司

二、下账

附件 37-2

入库凭证

单位：凤鑫市永昌电机制造公司　　　　2×21 年 12 月 20 日

品　名	规　格	单　位	数　量	单　价	金　额	供货单位
齿轮		千克	1 800	7.00	12 600.00	天津市海河机械厂

二、下账

附件 38-1

中国工商银行凤鑫市分行借款凭证（代回单）

2×21 年 12 月 20 日

借款单位名称	凤鑫市永昌电机制造公司	放款账号	00886644	往来账号									
借款金额	贰拾万元整			百	十	万	千	百	十	元	角	分	
				¥	2	0	0	0	0	0	0	0	
用途	生产周转	单位提出期限自 2×21 年 12 月 20 日起至 2×22 年 3 月 15 日止										利率	9.15‰
		银行核定期限自 2×21 年 12 月 21 日起至 2×22 年 3 月 16 日止											

上列借款已收入你单位往来账户内

此致

单位

单位会计：李秋菊　复核人员：

中国工商银行 凤鑫市华岩分理处 2×21.12.20 转讫

分次偿还记录 日期	偿还金额	未还金额	复核 盖章	分次偿还计划 日期	金额

附件 39-1

材料出库单

2×21 年 12 月 20 日　　金额单位：元

品　名	规　格	单　位	数　量	单　价	金　额	用　途
生铁		千克	2 500	2.70	6 750.00	铸 1002#
生铁		千克	2 500	2.70	6 750.00	铸 1003#
焦炭		吨	1	350.00	350.00	铸 1002#
焦炭		吨	1	350.00	350.00	铸 1003#
B3 钢板	&-1.2	千克	600	3.40	2 040.00	加工车间
A3 角钢	25×25×3	千克	400	3.40	1 360.00	加工车间
A3 角钢	25×25×3	千克	400	3.40	1 360.00	破 1002#
A3 圆钢	Φ6mm	千克	500	3.00	1 500.00	破 1002#
A3 圆钢	Φ8mm	千克	500	3.00	1 500.00	加工车间
A3 扁钢	25×3	千克	200	3.60	720.00	加工车间机器修理用 360 元，生产用 360 元
A3 钢管	25×3	千克	200	3.40	680.00	加工车间
电机		台	10	160.00	1 600.00	破 1001#
煤		吨	2	100.00	200.00	供电车间生产用
A3 圆钢	Φ10mm	千克	300	3.00	900.00	机修车间生产用
齿轮		千克	1 000	7.00	7 000.00	破 1002#
木材		立方米	1.50	320.00	480.00	委托外部加工包装箱
合计					33 540.00	

附件 40-1

半成品出库单

单位：凤鑫市永昌电机制造公司　　2×21 年 12 月 21 日

品　名	规　格	单　位	数　量	单　价	金　额	供货单位
减速机架		件	60	140	8 400.00	加工车间使用

二、下账

附件41-1

卖

上海证券公司

凤鑫证券交易营业部

代理卖出上交所有价证券委托单

2×21年12月22日14时35分

卡 片	090	债券名称	上海平乐日化公司	卖出数量	10 000
姓 名	凤鑫市永昌电机制造公司	债券面值	30 000.00	卖出价格	32 000.00

业务员签名 张 丽　　委托人签名 王 刚

注：如已成交请带身份证、股东卡和委托单于此日办理清算交割。

附件41-2

上海证券公司

凤鑫证券交易营业部

手续费收款单（代缴费回单）

2×21年12月22日

户名：凤鑫市永昌电机制造公司　　账号：

结 算 类 型	笔 数	单 价	金 额
债券	1		300.00
合 计			¥300.00
人民币大写 叁佰元整			

（印章：凤鑫证券交易所 财务专用章）

主管：　会计：　出纳：刘叶　记账员（银行出纳收款单）

附件42-1

凤鑫市统一收款收据

2×21年12月22日

今收到 凤鑫市永昌电机制造公司

交 来 设备报废清理费

人民币（大写） 贰佰元整　¥200.00

收款单位公章（印章：光明劳动服务公司 财务专用章）　收款人 何晶　交款人 刘俊

第二联 收据

附件43-1

委托代销发出清单

代销单位：山西省物资公司　　2×21年12月22日

品 名	单 位	数 量	单 价（暂估价）	金 额（元）
减速机	台	10	1 724.97	17 249.70

（印章：山西省物资公司 财务专用章）

单位盖章：　　经办人：赵宏

附件 44-1

委邮

委托收款凭证 1

委托号码 第 号

委托日期 2×21 年 12 月 23 日

收款单位	全称	凤鑫市永昌电机制造公司	付款单位	全称	张庄水泥厂
	账号	00886644		账号	19-00557733
	开户银行	工行华岩办		开户银行	工行建北办

委收金额	人民币：（大写）肆仟零陆拾捌元整	十	万	千	百	十	元	角	分
			¥	4	0	6	8	0	0

款项内容	货款	委托收款凭据名称		附寄单证张数	1

备注：	银行意见： 中国工商银行 凤鑫市华岩分理处 2×21.12.23 转讫 年 月 日 （收款人开户银行盖章）	科目（付）________ 对方科目（收）________ 转账 年 月 日 复核员 记账员

付款人开户银行收到日期 年 月 日

附件 45-1

中国工商银行（冀）

转账支票存根

10201328

08198708

附加信息________________

____

____

出票日期：2×21 年 12 月 23 日

收款人：	凤鑫市劳动日报社
金 额：	¥3 500.00
用 途：	广告费

单位主管： 会计：

附件 45-2

凤鑫市统一收款收据

2×21 年 12 月 23 日

今收到 凤鑫市永昌电机制造公司

交 来 广告费

人民币（大写）叁仟伍佰元整 ¥3 500.00

收款单位公章（凤鑫市劳动日报社 财务专用章）

收款人 何晶

交款人 刘俊

第二联 收据

附件 46-1

河北增值税专用发票

记 账 联

13001025300　　　　№ 00236647

校验码 58989 24127 26316 69702　　　　开票日期：2×21 年 12 月 23 日

购买方	名　　称：甘肃省永登县农场 纳税人识别号：33003811455909297S6 地 址 、电 话：甘肃省农科院内 2111325 开户行及账号：农行安农办 1203032266999			密码区	>9+90>63676/+819*1386　加密版本：01 +344<>76<941>6/6/-009　1302595858 -4>1>/5<^+9_8786>3452　02995604		
货物或应税劳务、服务名称	规格型号	单位	数量	单价	金额	税率	税额
减速机		台	1	3 000	3 000.00	13%	390.00
合　计					¥3 000.00		¥390.00
价税合计（大写）	⊗叁仟叁佰玖拾元整						（小写）¥3 390.00
销售方	名　　称：凤鑫市永昌电机制造公司 纳税人识别号：130203987654321G9E 地 址 、电 话：建设路 27 号 2078558 开户行及账号：工行华岩办 00886644			备注	凤鑫市永昌电机制造公司 130203987654321G9E 发票专用章		

收款人：纪志玲　　复核：陈梦洁　　开票人：李秋菊　　销售方：（章）

第一联：记账联　销售方记账凭证

附件 46-2

中国工商银行**进账单**（收账通知）3

2×21 年 12 月 23 日

收款人	全　称	凤鑫市永昌电机制造公司	付款人	全　称	甘肃省永登县农场
	账号或住址	00886644		账　号	6580611
	开户银行	工行华岩办		开户银行	农行安农办
金额	人民币（大写）	壹仟壹佰叁拾元整		千百十万千百十元角分	¥ 1 1 3 0 0 0
票据种类	汇票				
票据张数	壹				
单位主管　会计　复核　记账		中国工商银行凤鑫市华岩分理处 2×21.12.23 转讫 收款人开户银行盖章			

此联是收款人开户行给收款人的收账通知

不作为提货依据

附件 47-1

贴现凭证（收款通知） 4

填写日期 2×21 年 12 月 24 日　　　　第　　号

申请人	名　称	凤鑫市永昌电机制造公司	贴现汇票	种　类	商业承兑汇票（无息）　号码 6
	账　号	00886644		发票日	2×21 年 12 月 12 日
	开户银行	工行华岩办		到期日	2×22 年 2 月 12 日
汇票承兑人（或银行）	凤鑫市煤矿物资公司	账号		开户银行	

汇票金额（即贴现金额）	人民币（大写） 伍万元整	万	千	百	十	元	角	分
		5	0	0	0	0	0	0

贴现率 每日	0.3‰	贴现利息	千	百	十	元	角	分	实付贴现金额	百	十	万	千	百	十	元	角	分

上述款项已入你单位账户 此致 银行盖章 年　月　日	备注：

附件 48-1

产成品入库单

交库部门：生产车间　　2×21 年 12 月 24 日　　第　　号

产品名称	计量单位	交付数量	检验结果 合格	检验结果 不合格	实收数量	用途或原因
2#破碎机	台	50	50		50	完工入库
减速机	台	45	45		45	完工入库

附件 49-1

凤鑫市统一收款收据

2×21 年 12 月 24 日

今收到 废品回收公司

交　来 报废车床残值

人民币（大写） 贰仟元整　　¥2 000.00

收款单位公　章　　收款人 何　晶　　交款人 刘　俊

第二联 收据

附件 49-2

中国工商银行**进账单**（收账通知） 3

2×21 年 12 月 24 日

收款人	全　称	凤鑫市永昌电机制造公司	付款人	全　称	废品回收公司
	账号或住址	00886644		账　号	8080611
	开户银行	工行华岩办		开户银行	工行路北办

金额	人民币（大写）	千	百	十	万	千	百	十	元	角	分
	贰仟元整				¥	2	0	0	0	0	0

票据种类	支票	
票据张数	壹	
单位 主管　　会计　　复核　　记账		*中国工商银行 凤鑫市华岩分理处 2×21.12.24 转讫* 收款人开户银行盖章

此联是收款人开户行给收款人的收账通知

不作为提货依据

附件 50-1

委邮

委托收款凭证（贷方凭证） 2

委托号码第　号

委托日期 2×21 年 12 月 25 日

收款单位	全　称	凤鑫市永昌电机制造公司	付款单位	全　称	张庄水泥厂
	账　号	00886644		账　号	19-00557733
	开户银行	工行华岩办		开户银行	工行建北办

委收金额	人民币（大写）	十	万	千	百	十	元	角	分
	肆仟零陆拾捌元整		¥	4	0	6	8	0	0

款项内容	货款	委托收款凭据名称		附寄单证张数	1

备注：	上列委托收款随附有关单证请予办理收款。	科目：（付）________
无力支付	*中国工商银行 凤鑫市华岩分理处 2×21.12.25 转讫*	对方科目：（收）________
	年　月　日	转账　年　月　日
2×21 年 12 月 25 日	（收款人开户银行盖章）	复核员　　记账员

收款人开户银行收到日期 2×21 年 12 月 25 日

此联收款人开户银行作贷方凭证

附件 50-2

委邮

委托收款凭证（借方凭证） 3

委托号码第　号

委托日期 2×21 年 12 月 25 日

收款单位	全称	凤鑫市永昌电机制造公司	付款单位	全称	张庄水泥厂
	账号	00886644		账号	19-00557733
	开户银行	工行华岩办		开户银行	工行建北办

委收金额	人民币（大写）	十	万	千	百	十	元	角	分
	肆仟零陆拾捌元整		¥	4	0	6	8	0	0

款项内容	委托收款凭据名称		附寄单证张数
货款			1

备注：		
无力支付 2×21 年 12 月 25 日	[中国工商银行 凤鑫市华岩分理处 2×21.12.25 转讫] 年　月　日 （收款人开户银行盖章）	科目：（付）______ 对方科目：（收）______ 转账　年　月　日 复核员　记账员

此联付款人开户银行作借方凭证

付款人开户银行收到日期 2×21 年 12 月 25 日

附件 50-3

委邮

委托收款凭证（收账通知） 4

委托号码第　号

委托日期 2×21 年 12 月 25 日

收款单位	全称	凤鑫市永昌电机制造公司	付款单位	全称	张庄水泥厂
	账号	00886644		账号	19-00557733
	开户银行	工行华岩办		开户银行	工行建北办

委收金额	人民币（大写）	十	万	千	百	十	元	角	分
	肆仟零陆拾捌元整		¥	4	0	6	8	0	0

款项内容	委托收款凭据名称		附寄单证张数
货款			1

备注：	
无力支付 2×21 年 12 月 25 日	上列款项 1. 已全部划回收入你方账户 2. 已收回部分款项收入你方账户 3. 全部未收到 [中国工商银行 凤鑫市华岩分理处 2×21.12.25 转讫] 年　月　日 （收款人开户银行盖章）

此联是收款人开户银行在款项收妥后给收款人的收账通知

收款人开户银行收到日期 2×21 年 12 月 25 日

附件 50-4

委邮

委托收款凭证（付款通知）　　5　　委托号码第　号

委托日期 2×21年12月25日

收款单位	全称	凤鑫市永昌电机制造公司	付款单位	全称	张庄水泥厂
	账号	00886644		账号	19-00557733
	开户银行	工行华岩办		开户银行	工行建北办

委收金额	人民币（大写）	十	万	千	百	十	元	角	分
	肆仟零陆拾捌元整		¥	4	0	6	8	0	0

款项内容	货款	委托收款凭据名称		附寄单证张数	1

备注：	银行意见：	科目（付）______
无力支付	中国工商银行 凤鑫市华岩分理处 2×21.12.25 转讫	对方科目（收）______
		转账　年　月　日
	年　月　日	
2×21年12月25日	（收款人开户银行盖章）	复核员　记账员

付款人开户银行收到日期 2×21年12月25日

附件 51-1

特约委托收款凭证（付款通知）

委托日期 2×21年12月25日　　委托号码：

付款单位	全称	凤鑫市永昌电机制造公司	收款单位	全称	凤鑫市供电公司		
	账号或住址	00886644		账号	24929584		
	开户银行	工行华岩办		开户银行	工行建北办	行号	

金额	人民币（大写）	千	百	十	万	千	百	十	元	角	分
	叁仟壹佰伍拾玖元整				¥	3	1	5	9	0	0

款项性质		合同号码		附寄单证张数	

备注：		根据协议上列款项已由付款单位账户付出。
特　约	凤鑫市供电公司 财务专用章	中国工商银行 凤鑫市华岩分理处 2×21.12.25 转讫

单位主管　会计　复核　记账　　付款人开户银行盖章　2×21年12月25日

此联是付款人开户行给付款人的付账通知

不作提货依据

附件 52-1

中国工商银行**存款利息通知单**

传票编号　1

账号：*00886644*　　　　　　　　　*2×21*年*12*月*25*日　　　　　　　　　对方科目

户名	计息期	积数								利率（月息）	利息金额						
		十	万	千	百	十	元	角	分		万	千	百	十	元	角	分
凤鑫市永昌电机制造公司	2×21年11月26日起 2×21年12月25日止	5	7	5	2	6	0	0	0	0.05%			2	8	7	6	3
大写金额（人民币）贰佰捌拾柒元陆角叁分																	
备注：											上列存款利息已如数收入你单位往来户 （银行盖章）						

（印章：中国工商银行 凤鑫市华岩分理处 2×21.12.25 转讫）

第三联：银行送单位作收账通知

附件 53-1

中国工商银行**凤鑫市分行　贷款利息通知单**

编号：*655*　　　　　　　　　*2×21*年*12*月*25*日　　　　　　　　　*1*号

账号	户名	计息期	积数								利率（月息）	利息金额						
			十	万	千	百	十	元	角	分		万	千	百	十	元	角	分
0088 6644	凤鑫市永昌电机制造公司	2×21年11月21日起 2×21年12月20日止	9	5	0	2	9	2	0	0	6.84‰		6	5	0	0	0	0
大写金额（人民币）陆仟伍佰元整																		
备注：												上列贷款利息已如数从你单位账户划出 （银行盖章）						

（印章：中国工商银行 凤鑫市华岩分理处 2×21.12.25 转讫）

第三联：银行送单位作付款通知

附件 54-1

中国工商银行（冀）
转账支票存根
10201328
08198709

附加信息＿＿＿＿＿＿＿＿

出票日期：2×21年12月25日

收款人：	凤鑫市机械公司
金　额：	¥9 605.00
用　途：	购货款

单位主管：　　　　会计：

附件 54-2

河北增值税专用发票

抵扣联

13001025300 № 08775945

校验码 07775 12356 45689 65569 开票日期：2×21 年 12 月 25 日

购买方	名　　称：凤鑫市永昌电机制造公司 纳税人识别号：130203987654321G9E 地 址 、电 话：建设路 27 号 2078558 开户行及账号：工行华岩办 00886644			密码区	>2+46>63676/+819*1566 加密版本：01 +236<>76<941>6/6/-009 1302595858 -9>5>/5<^+9_8786>2562 02995604		
货物或应税劳务、服务名称	规格型号	单位	数　量	单　价	金　额	税率	税额
电机		台	50	170.00	8 500.00	13%	1 105.00
合　　计					¥8 500.00		¥1 105.00
价税合计（大写）	⊗玖仟陆佰零伍元整				（小写）¥ 9 605.00		
销售方	名　　称：凤鑫市机械公司 纳税人识别号：1302032589453755F6 地 址 、电 话：西山道 8 号 2544567 开户行及账号：工行崇明支行 00128978			备注	凤鑫市机械公司 1302032589453755F6 发票专用章		

收款人：王丹　　复核：康佳　　开票人：王丹　　销售方：（章）

第二联：抵扣联　购买方扣税凭证

附件 54-3

河北增值税专用发票

发票联

13001025300 № 08775945

校验码 07775 12356 45689 65569 开票日期：2×21 年 12 月 25 日

购买方	名　　称：凤鑫市永昌电机制造公司 纳税人识别号：130203987654321G9E 地 址 、电 话：建设路 27 号 2078558 开户行及账号：工行华岩办 00886644			密码区	>2+46>63676/+819*1566 加密版本：01 +236<>76<941>6/6/-009 1302595858 -9>5>/5<^+9_8786>2562 02995604		
货物或应税劳务、服务名称	规格型号	单位	数　量	单　价	金　额	税率	税额
电机		台	50	170.00	8 500.00	13%	1 105.00
合　　计					¥8 500.00		¥1 105.00
价税合计（大写）	⊗玖仟陆佰零伍元整				（小写）¥ 9 605.00		
销售方	名　　称：凤鑫市机械公司 纳税人识别号：1302032589453755F6 地 址 、电 话：西山道 8 号 2544567 开户行及账号：工行崇明支行 00128978			备注	凤鑫市机械公司 1302032589453755F6 发票专用章		

收款人：王丹　　复核：康佳　　开票人：王丹　　销售方：（章）

第三联：发票联　购买方记账凭证

附件55-1

中国工商银行**进账单**（收账通知）3

2×21年**12**月**26**日

<table>
<tr><td rowspan="3">收款人</td><td>全　称</td><td>凤鑫市永昌电机制造公司</td><td rowspan="3">付款人</td><td>全　称</td><td>大众金属公司</td></tr>
<tr><td>账号或住址</td><td>00886644</td><td>账　号</td><td>791496</td></tr>
<tr><td>开户银行</td><td>工行华岩办</td><td>开户银行</td><td>工行文化办</td></tr>
</table>

金额	人民币（大写）	千	百	十	万	千	百	十	元	角	分
	贰万柒仟壹佰贰拾元整			¥	2	7	1	2	0	0	0

票据种类	银行承兑汇票
票据张数	壹

单位主管　会计　复核　记账

中国工商银行凤鑫市华岩分理处 2×21.12.26 转讫

收款人开户行盖章

此联是收款人开户行给收款人的收账通知

不作为提货依据

附件56-1

12/26/2×21	债券过户交割凭单		卖
编　　号：	A453765290（取）	成交债券：	上海平乐日化公司
电脑编号：	564733	成交数量：	20 000.00
公司代号：	0970	印　花　税：	100.00
申请编号：	8190	标准佣金：	200.00
申请时间：	13：25：45	应收金额：	19 700.00
成交时间：	14：38：26		

附件57-1

河北增值税专用发票

13001025300　　此联不作报销、扣税凭证使用　　№ 00236648

校验码 58989 24127 26316 69702　　开票日期：2×21年12月27日

<table>
<tr><td>购买方</td><td colspan="4">名　　称：凤鑫市煤矿物资公司
纳税人识别号：2104117578985845A6
地 址 、电 话：唐山北西道2778899
开户行及账号：工行堡办00557744</td><td>密码区</td><td colspan="3">>9+90>63676/+819*1386　加密版本：01
+344<>76<941>6/6/-009　1302595858
-4>1>/5<^+9_8786>3452　02995604</td></tr>
<tr><td colspan="2">货物或应税劳务、服务名称</td><td>规格型号</td><td>单位</td><td>数　量</td><td>单　价</td><td>金　额</td><td>税率</td><td>税额</td></tr>
<tr><td colspan="2">减速机</td><td></td><td>台</td><td>30</td><td>3 000.00</td><td>90 000.00</td><td>13%</td><td>11 700.00</td></tr>
<tr><td colspan="2">合　　计</td><td></td><td></td><td></td><td></td><td>¥90 000.00</td><td></td><td>¥11 700.00</td></tr>
<tr><td colspan="2">价税合计（大写）</td><td colspan="7">⊗壹拾万壹仟柒佰元整　　（小写）¥ 101 700.00</td></tr>
<tr><td>销售方</td><td colspan="4">名　　称：凤鑫市永昌电机制造公司
纳税人识别号：130203987654321G9E
地 址 、电 话：建设路27号2078558
开户行及账号：工行华岩办00886644</td><td>备注</td><td colspan="3">凤鑫市永昌电机制造公司 130203987654321G9E 发票专用章</td></tr>
</table>

收款人：　　复核：陈梦洁　　开票人：李秋菊　　销售方：（章）

第一联：记账联　销售方记账凭证

附件 57-2

河北增值税专用发票

发 票 联

13001025300　　　　　　　　　　　　　　　　№ 00844581

校验码 94721 45860 70315 57042　　　　　　　　开票日期：2×21 年 12 月 27 日

购买方	名　　称：凤鑫市永昌电机制造公司 纳税人识别号：130203987654321G9E 地 址 、电 话：建设路 27 号 2078558 开户行及账号：工行华岩办 00886644	密码区	1>9478726-++78645819*1386：017890+348<>76< 569847>2563 ++ 908766 145275858<>76<941>6* 0231523-8>1>/5<^+9_8786>0123975

货物或应税劳务、服务名称	规格型号	单位	数　量	单　价	金　额	税率	税额
减速机运费					2 702.70	9%	243.24
合　　计					¥2 702.70		¥243.24
价税合计（大写）	⊗贰仟玖佰肆拾伍元玖角肆分					（小写）	¥2 945.94

销售方	名　　称：凤鑫市运输有限公司 纳税人识别号：210221564158775H7D 地 址 、电 话：凤鑫市东南路 3 号 2356985 开户行及账号：工行东南支行 6220125621415489657	备注	凤鑫市运输有限公司 210221564158775H7D 发票专用章

收款人：刘芳　　　　复核：王莉　　　　开票人：张晓华　　　　销售方：（章）

第三联：发票联　购买方记账凭证

附件 57-3

中国工商银行（冀）

转账支票存根

10201328

08198710

附加信息________________

出票日期：2×21 年 12 月 27 日

收款人：	凤鑫市运输有限公司
金　额：	¥2 945.94
用　途：	运费

单位主管：　　　　会计：

附件 58-1

四川增值税专用发票

抵 扣 联

51001025300　　　　　　　　　　№ 02247945

校验码 01369 12356 45689 12256　　　　　　　　　　开票日期：2×21 年 12 月 27 日

购买方	名　　称：凤鑫市永昌电机制造公司 纳税人识别号：130203987654321G9E 地 址 、电 话：建设路 27 号 2078558 开户行及账号：工行华岩办 00886644	密码区	>7+78>63676/+819*1386　加密版本：01 +344<>76<943>6/6/-009　1302595858 -5>2>/5<^+9_8786>3452　02995604

货物或应税劳务、服务名称	规格型号	单位	数　量	单　价	金　额	税率	税额
量具		件	60	44.9167	2 695.00	13%	350.35
合　　计					¥2 695.00		¥350.35
价税合计（大写）	⊗叁仟零肆拾伍元叁角伍分					（小写）	¥ 3 045.35

销售方	名　　称：成都市量具股份有限公司 纳税人识别号：21041175478985876D 地 址 、电 话：成都北西道 2123567 开户行及账号：工行北西道支行 1300011445895	备注	成都市量具股份有限公司 21041175478985876D 发票专用章

收款人：孙叙　　　　复核：庞勇　　　　开票人：孙叙　　　　销售方：（章）

第二联：抵扣联　购买方扣税凭证

附件 58-2

四川增值税专用发票

发 票 联

51001025300　　　　　　　　　　№ 02247945

校验码 01369 12356 45689 12256　　　　　　　　　　开票日期：2×21 年 12 月 27 日

购买方	名　　称：凤鑫市永昌电机制造公司 纳税人识别号：130203987654321G9E 地 址 、电 话：建设路 27 号 2078558 开户行及账号：工行华岩办 00886644	密码区	>7+78>63676/+819*1386　加密版本：01 +344<>76<943>6/6/-009　1302595858 -5>2>/5<^+9_8786>3452　02995604

货物或应税劳务、服务名称	规格型号	单位	数　量	单　价	金　额	税率	税额
量具		件	60	44.9167	2 695.00	13%	350.35
合　　计					¥2 695.00		¥350.35
价税合计（大写）	⊗叁仟零肆拾伍元叁角伍分					（小写）	¥ 3 045.35

销售方	名　　称：成都市量具股份有限公司 纳税人识别号：21041175478985876D 地 址 、电 话：成都北西道 2123567 开户行及账号：工行北西道支行 1300011445895	备注	成都市量具股份有限公司 21041175478985876D 发票专用章

收款人：孙叙　　　　复核：庞勇　　　　开票人：孙叙　　　　销售方：（章）

第三联：发票联　购买方记账凭证

附件 58-3

中国工商银行**信汇凭证**（回单） **1**　　　　第　　号

委托日期 *2×21* 年 *12* 月 *27* 日

汇款人	全　称	凤鑫市永昌电机制造公司			收款人	全　称	成都市量具股份有限公司		
	账　号 或住址	*00886644*				账　号	*598721*		
	汇　出 地　点	省 凤鑫 市 县	汇出行 名　称	工行 华岩办		汇　入 地　点	四川 省 市	汇入行 名　称	工行北 西道支行

金额	人民币（大写）	千	百	十	万	千	百	十	元	角	分
	叁仟零肆拾伍元叁角伍分				¥	*3*	*0*	*4*	*5*	*3*	*5*

汇款用途：贷款

上列款项已根据委托办理，如需查询，请持此回单来行面洽。

汇出行盖章

中国工商银行
凤鑫市华岩分理处
2×21.12.27
转讫

2×21 年 12 月 27 日

单位主管　　　　会计　李秋菊　　　复核　　　记账

此联汇出行给汇款人的回单

附件 59-1

中国工商银行（冀）

转账支票存根

10201328

08198711

附加信息________________

出票日期：2×21 年 12 月 27 日

收款人：	木材总公司
金　额：	*¥2 462.72*
用　途：	购木箱

单位主管：　　　　　会计：

附件 59-2

河北增值税专用发票

抵扣联

13001025300　　　　№ 09292945

校验码 04586 12356 45689 98765　　　　开票日期：2×21 年 12 月 27 日

购买方	名　　称：凤鑫市永昌电机制造公司 纳税人识别号：130203987654321G9E 地 址 、 电 话：建设路 27 号 2078558 开户行及账号：工行华岩办 00886644	密码区	>1+46>63676/+819*1895　加密版本：01 +344<>76<941>6/6/-009　1302595858 -5>4>/5<^+9_8786>3785　02995604

货物或应税劳务、服务名称	规格型号	单位	数　量	单　价	金　额	税率	税额
木箱		个	85	25.64	2 179.40	13%	283.32
合　　计					¥2 179.40		¥283.32
价税合计（大写）	⊗贰仟肆佰陆拾贰元柒角贰分					（小写）¥2 462.72	

销售方	名　　称：木材总公司 纳税人识别号：1302027131003357E8 地 址 、 电 话：卫国路 4 号 2987654 开户行及账号：工行祥云道支行 1300012356895	备注	木材总公司 1302027131003357E8 发票专用章

收款人：叶静　　　复核：杨阳　　　开票人：任立　　　销售方：（章）

第二联：抵扣联　购买方扣税凭证

附件 59-3

河北增值税专用发票

发票联

13001025300　　　　№ 09292945

校验码 04586 12356 45689 98765　　　　开票日期：2×21 年 12 月 27 日

购买方	名　　称：凤鑫市永昌电机制造公司 纳税人识别号：130203987654321G9E 地 址 、 电 话：建设路 27 号 2078558 开户行及账号：工行华岩办 00886644	密码区	>1+46>63676/+819*1895　加密版本：01 +344<>76<941>6/6/-009　1302595858 -5>4>/5<^+9_8786>3785　02995604

货物或应税劳务、服务名称	规格型号	单位	数　量	单　价	金　额	税率	税额
木箱		个	85	25.64	2 179.40	13%	283.32
合　　计					¥2 179.40		¥283.32
价税合计（大写）	⊗贰仟肆佰陆拾贰元柒角贰分					（小写）¥2 462.72	

销售方	名　　称：木材总公司 纳税人识别号：1302027131003357E8 地 址 、 电 话：卫国路 4 号 2987654 开户行及账号：工行祥云道支行 1300012356895	备注	木材总公司 1302027131003357E8 发票专用章

收款人：叶静　　　复核：杨阳　　　开票人：任立　　　销售方：（章）

第三联：发票联　购买方记账凭证

附件 60-1

中国工商银行（冀）

转账支票存根

10201328

08198712

附加信息____________________

出票日期：2×21 年 12 月 28 日

收款人：	凤鑫市大地商贸公司
金　额：	¥23 062.19
用　途：	其他费用

单位主管：　　　　会计：

附件 60-2

其他费用支出表

2×21 年 12 月 28 日

支出单位	金　额	支出单位	金　额
生产成本		制造费用	
铸 1001#	1 219.50	铸造车间	3 720.00
铸 1002#	1 187.00	加工车间	3 009.89
铸 1003#	1 217.00	破碎机车间	2 602.13
铸 1004#	507.00	机修车间	1 241.83
加工车间	5 588.65	管理费用	710.00
破 1001#	170.59		
破 1002#	1 371.20		
机修车间	346.90		
供电车间	170.50		
合　计	¥11 778.34	合　计	¥11 283.85

附件 61-1

河北增值税专用发票

1300102530 0　　此联不作报销、扣税凭证使用　　№ 00236648

校验码 58459 24127 22316 69725　　开票日期：2×21 年 12 月 28 日

购买方	名　　称：永达开发公司 纳税人识别号：13020380475625378A 地 址 、 电 话：路北 68 号 2891234 开户行及账号：工行路北办 62938765	密码区	>9+90>63676/+819*1386　加密版本：01 +344<>76<941>6/6/-009　1302595858 -4>1>/5<^+9_8786>3542　02995604

货物或应税劳务、服务名称	规格型号	单位	数　量	单　价	金　额	税率	税额
房屋租赁		栋	1	50 000.00	50 000.00	9%	4 500.00
合　　计					¥50 000.00		¥4 500.00
价税合计（大写）	⊗伍万肆仟伍佰元整					（小写）	¥54 500.00

销售方	名　　称：凤鑫市永昌电机制造公司 纳税人识别号：130203987654321G9E 地 址 、 电 话：建设路 27 号 2078558 开户行及账号：工行华岩办 00886644	备注	

第一联：记账联　销售方记账凭证

收款人：　　　复核：陈梦洁　　　开票人：李秋菊　　　销售方：（章）

附件 62-1

河北增值税专用发票

13001025300　　此联不作报销、扣税凭证使用　　№ 00236649

校验码 58989 24127 26316 69702　　开票日期：2×21 年 12 月 28 日

购买方	名　　称：凤鑫市铝厂 纳税人识别号：1302031048800659E2 地 址 、电 话：丰源道西 2478965 开户行及账号：农行飞云办 002193441			密码区	>2+28>63676/+819*1466　加密版本：01 +344<>76<941>6/6/-009　1302594769 -5>4>/5<^+9_8786>3452　03565604		
货物或应税劳务、服务名称	规格型号	单位	数　量	单　价	金　额	税率	税额
2#破碎机		台	15	2 200.00	33 000.00	13%	4 290.00
合　　计					¥33 000.00		¥4 290.00
价税合计（大写）	⊗叁万柒仟贰佰玖拾元整						（小写）¥ 37 290.00
销售方	名　　称：凤鑫市永昌电机制造公司 纳税人识别号：130203987654321G9E 地 址 、电 话：建设路 27 号 2078558 开户行及账号：工行华岩办 00886644			备注	凤鑫市永昌电机制造公司 130203987654321G9E 发票专用章		

收款人：纪志玲　　复核：陈梦洁　　开票人：李秋菊　　销售方：（章）

第一联：记账联　销售方记账凭证

附件 62-2

付款期限
壹 个 月

中国农业银行
本　　票

地名　　本票号码

出票日期（大写）贰某贰壹年壹拾贰月贰拾捌日　　第　　号

收款人：凤鑫市永昌电机制造公司		
凭票即付 人民币（大写）壹万元整		
转　账 | 现　金		科目（借）______ 对方科目（贷）______ 付款日期　　年　　月　　日 出纳　　复核　　经办
备注：	出票行签章	

（使用清分机的，此区域供打印磁性字码）

此联出票行结清本票时作借方凭证

附件 62-3

中国工商银行**进账单**（收账通知）3

2×21年**12**月**28**日

收款人	全　称	凤鑫市永昌电机制造公司	付款人	全　称	凤鑫市铝厂
	账号或住址	00886644		账　号	8080612
	开户银行	工行华岩办		开户银行	农行飞云办

金额	人民币（大写）	千	百	十	万	千	百	十	元	角	分
	壹万元整			¥	1	0	0	0	0	0	0

票据种类	本票
票据张数	壹

单位主管　　会计　李秋菊　复核　　记账

中国工商银行
凤鑫市华岩分理处
2×21.12.28
转讫

收款人开户行盖章

此联是收款人开户行给收款人的收账通知

不作为提货依据

附件 62-4

中国工商银行（冀）
转账支票存根
10201328
08198713

附加信息____________________

出票日期：2×21 年 12 月 28 日

收款人：	凤鑫市铝厂
金　额：	¥2 710.00
用　途：	多余款

单位主管：　　　　会计：

附件 63-1

材料验收通知单

材料类别：低值易耗品

供应人：成都市量具股份有限公司　　　　**2×21**年**12**月**28**日　　　　领单号：12-12

材质证明	发票号	验收日期	2×21 年 12 月 28 日		存放地点		低值易耗品库		附件份数	1 份	
材料名称		规　格		单位	数　额		计划单价		实际价格		
					凭证	实收	单价	总价	单价	总价	
量　具				件	60	60	50.00	3 000.00	44.9167	2 695.00	
					差异	节约 305 元			备注		

第二联：财务科记账

附件 64-1

中国工商银行 **特种转账借方传票**

2×21年12月28日

<table>
<tr><td rowspan="3">付款单位</td><td>全　称</td><td>凤鑫市永昌电机制造公司</td><td rowspan="3">收款单位</td><td>全　称</td><td colspan="10">顺丰物资公司</td></tr>
<tr><td>账　号
或住址</td><td>00886644</td><td>账　号</td><td colspan="10">720352</td></tr>
<tr><td>开　户
银　行</td><td>工行华岩办</td><td>开　户
银　行</td><td colspan="10">工行鼓楼办</td></tr>
<tr><td rowspan="2">金额</td><td colspan="4" rowspan="2">人民币　壹仟叁佰伍拾陆元整</td><td>千</td><td>百</td><td>十</td><td>万</td><td>千</td><td>百</td><td>十</td><td>元</td><td>角</td><td>分</td></tr>
<tr><td></td><td></td><td></td><td>¥</td><td>1</td><td>3</td><td>5</td><td>6</td><td>0</td><td>0</td></tr>
<tr><td>原凭证金额</td><td>¥1 356.00</td><td>赔偿金</td><td colspan="2"></td><td colspan="10" rowspan="3">科　　目（借）：
对方科目（贷）：</td></tr>
<tr><td>原凭证名称</td><td>银行承兑汇票</td><td>号码</td><td colspan="2"></td></tr>
<tr><td>转账原因</td><td colspan="4">票据到期，支付货款。
中国工商银行凤鑫市华岩分理处 2×21.12.28 转讫
付款行盖章</td></tr>
</table>

附件 65-1

中国工商银行（冀）
转账支票存根
10201328
08198714

附加信息____________________

出票日期：2×21年12月29日

收款人：	凤鑫市燃料厂
金　额：	¥4 520.00
用　途：	货款

单位主管：　　　　会计：

附件 65-2

河北增值税专用发票

抵扣联

13001025300　　　　№ 01617945

校验码 01713 12356 45689 18963　　　　开票日期：2×21 年 12 月 29 日

购买方	名　　称：凤鑫市永昌电机制造公司 纳税人识别号：130203987654321G9E 地 址 、电 话：建设路 27 号 2078558 开户行及账号：工行华岩办 00886644	密码区	>6+67>63676/+819*2346　加密版本：01 +344<>76<941>6/6/-009　1302595858 -6>5>/5<^+9_8786>3242　02995604

货物或应税劳务、服务名称	规格型号	单位	数　量	单　价	金　额	税率	税额
柴机油		千克	2 000	2.00	4 000.00	13%	520.00
合　　计					¥4 000.00		¥520.00
价税合计（大写）	⊗肆仟伍佰贰拾元整				（小写）¥ 4 520.00		

销售方	名　　称：凤鑫市燃料厂 纳税人识别号：13020310484800683F 地 址 、电 话：唐钱楼小区 2459876 开户行及账号：农行冬致办 130002233445	备注	凤鑫市燃料厂 13020310484800683F 发票专用章

收款人：杨婷　　复核：孙春耀　　开票人：王笑　　销售方：（章）

第二联：抵扣联　购买方扣税凭证

附件 65-3

河北增值税专用发票

发票联

13001025300　　　　№ 01617945

校验码 01713 12356 45689 18963　　　　开票日期：2×21 年 12 月 29 日

购买方	名　　称：凤鑫市永昌电机制造公司 纳税人识别号：130203987654321G9E 地 址 、电 话：建设路 27 号 2078558 开户行及账号：工行华岩办 00886644	密码区	>6+67>63676/+819*2346　加密版本：01 +344<>76<941>6/6/-009　1302595858 -6>5>/5<^+9_8786>3242　02995604

货物或应税劳务、服务名称	规格型号	单位	数　量	单　价	金　额	税率	税额
柴机油		千克	2 000	2.00	4 000.00	13%	520.00
合　　计					¥4 000.00		¥520.00
价税合计（大写）	⊗肆仟伍佰贰拾元整				（小写）¥ 4 520.00		

销售方	名　　称：凤鑫市燃料厂 纳税人识别号：13020310484800683F 地 址 、电 话：唐钱楼小区 2459876 开户行及账号：农行冬致办 130002233445	备注	凤鑫市燃料厂 13020310484800683F 发票专用章

收款人：杨婷　　复核：孙春耀　　开票人：王笑　　销售方：（章）

第三联：发票联　购买方记账凭证

附件 67-1

入库凭证

单位：凤鑫市永昌电机制造公司　　2×21 年 12 月 29 日　　金额单位：元

品　名	规　格	单　位	数　量	单　价	金　额	供货单位
电机		台	50	160.00	8 000.00	

二、下账

保管：陈雅晶

附件 67-2

入库凭证

单位：凤鑫市永昌电机制造公司　　2×21 年 12 月 29 日　　金额单位：元

品　名	规　格	单　位	数　量	单　价	金　额	供货单位
破碎机架		件	60	160.00	9 600.00	

二、下账

保管：陈雅晶

附件 67-3

入库凭证

单位：凤鑫市永昌电机制造公司　　2×21 年 12 月 29 日　　金额单位：元

品　名	规　格	单　位	数　量	单　价	金　额	供货单位
柴机油		千克	2 000	2.00	4 000.00	

二、下账

保管：陈雅晶

附件 68-1

原材料包装物发出清单

2×21 年 12 月 29 日　　金额单位：元

品　名	规　格	单　位	数　量	单　价	金　额	用　途
原材料：						
生铁		千克	2 500	2.70	6 750.00	铸 1004#
焦炭		吨	1	350.00	350.00	铸 1004#
电机		台	100	160.00	16 000.00	加工车间
电机		台	60	160.00	9 600.00	破 1002#
油漆		千克	30	8.00	240.00	加工车间
油漆		千克	20	8.00	160.00	破 1002#
齿轮		千克	800	7.00	5 600.00	破 1002#
破碎机架		件	60	160.00	9 600.00	破 1002#
B3 钢板	&-1.2	千克	800	3.40	2 720.00	破 1002#
A3 圆钢	Φ10mm	千克	500	3.00	1 500.00	破 1002#
A3 扁钢	25×3	千克	200	3.60	720.00	破 1002#
柴机油		千克	2 000	2.00	4 000.00	供电车间
小　计					57 240.00	
包装物：						
木箱		个	100	25.64	2 564.00	加工车间
木箱		个	10	25.64	256.40	破 1001#
木箱		个	60	25.64	1 538.40	破 1002#
小　计					4 358.80	

附件 69-1

半成品入库单

2×21 年 12 月 29 日　　金额单位：元

品　名	规　格	单　位	数　量	单　价	金　额	生产车间或批号
减速机架		件	80	140.00	11 200.00	铸 1001#

保管：陈雅晶

附件 69-2

半成品出库单

2×21 年 12 月 29 日　　　　金额单位：元

品　名	规　格	单　位	数　量	单　价	金　额	用　途
减速机架		件	40	140.00	5 600.00	加工车间

保管：陈雅晶

附件 70-1

加工车间直接领用减速机齿轮交接单

单位：千克

日期	领用数量	累计	领用人	日期	领用数量	累计	领用人
12.18	400	400	沈久	12.25	1 000	3 800	沈久
12.20	500	900	沈久	12.26	500	4 300	沈久
12.21	200	1 100	沈久	12.27	300	4 600	沈久
12.22	300	1 400	沈久				
12.22	300	1 700	沈久				
12.23	600	2 300	沈久				
12.24	500	2 800	沈久				

注：铸 1002#产 2 300 千克。　　　　保管：陈雅晶

铸 1003#产 2 300 千克。

减速机齿轮采用单位定额成本。

附件 71-1

工作备忘

12 月 31 日，月末结转固定资产清理。

附件 72-1

中国工商银行　**转账支票**

出票日期：贰零贰壹年壹拾贰月叁拾壹日　　　　付款行名称：

收款人：凤鑫市永昌电机制造公司　　　　出票人账号：

人民币（大写）	百	十	万	千	百	十	元	角	分
伍万肆仟伍佰元整		¥	5	4	5	0	0	0	0

本支票付款期限十天

用途　房屋租金

上列款项请从

我账户内支付

科　　目：

对方科目：

转账日期：2×21 年 12 月 31 日

复核　　　记账

附件 72-2

中国工商银行**进账单**（收账通知）3

2×21 年 12 月 31 日

收款人	全　称	凤鑫市永昌电机制造公司	付款人	全　称	永达开发公司
	账号或住址	00886644		账　号	8080626
	开户银行	工行华岩办		开户银行	工行路北办

金额	人民币（大写）	千	百	十	万	千	百	十	元	角	分
	伍万肆仟伍佰元整			¥	5	4	5	0	0	0	0

票据种类	支票	中国工商银行 凤鑫市华岩分理处 2×21.12.31 转讫 收款人开户行盖章
票据张数	壹	
单位 主管　会计　复核　记账		

此联是收款人开户行给收款人的收账通知

不作为提货依据

附件 72-3

凤鑫市统一收款收据

2×21 年 12 月 31 日

今收到　永达开发公司

交　来　房屋租金

人民币（大写）　伍万肆仟伍佰元整　　¥54 500.00

收款单位　公　章　（凤鑫市永昌电机制造公司 财务专用章）

收款人	纪志玲	交款人	郭　涛

二联　收据

附件 73-1

房产税纳税申报表

所属时间：2×21 年 1—12 月

经济性质：国有经济

预算级次：市级　　　　金额单位：元（列至角分）

单位名称	凤鑫市永昌电机制造公司	地址	建设路 27 号	电话	2078558	所属行业	机械加工
主管部门	河北省工业和信息化厅	开户银行	工行华岩办	账号	00886644		

房屋编号	房屋用途	坐落地点	结构	层次	栋数	建筑面积（m^2）	房产来源及时间	房产原值	减除幅度（%）	应税房产余值	租金收入	税率	计算税额	本期应纳税额
1	厂房	公司西部		1	5	6 000	2×00 年 1 月	150 000.00	30%	105 000.00				
合计								¥150 000.00	30%	¥105 000.00		1.2%	¥1 260.00	
缴款书字号	开票日期：　年　月　日							入库日期：　年　月　日			开票人：			

财务负责人：陈梦洁　　　　（签章）　　　　申报日期：2×21 年 12 月 31 日

附件 74-1

固定资产折旧提取计算表

2×21 年 12 月　　　　金额单位：元

使用部门	固定资产名称	单台（栋）月折旧额	数量	折旧额
加工车间	切料机	50.00	1	50.00
	车床	251.66	3	754.98
	钻床	175.00	1	175.00
	刨床	108.33	1	108.33
	厂房	12.50	2	25.00
	小　计			¥1 113.31
破碎机车间	车床	251.67	1	251.67
	钻床	175.00	1	175.00
	厂房	12.50	2	25.00
	小　计			¥451.67
机修车间	车床	251.67	1	251.67
	厂房	12.50	1	12.50
	小　计			¥264.17
合　　计				¥1 829.15

附件 75-1

成本差异计算表

类别	月初结存		本月收入		合　计		成本差异率
	计划成本	成本差异	计划成本	成本差异	计划成本	成本差异	

注：类别分为原材料和低值易耗品两类。

附件 76-1

材料成本差异计算分配表

2×21 年 12 月

耗用材料单位	耗用材料金额	应调整材料成本差异	耗用材料单位	耗用材料金额	应调整材料成本差异
生产成本			制造费用		
铸 1001#			铸造车间		
铸 1002#			加工车间		
铸 1003#			管理费用		
铸 1004#			委托加工物资		
加工车间					
破 1001#					
破 1002#					
机修车间					
供电车间			合　计		

附件 77-1

低值易耗品耗用汇总表

2×21 年 12 月　　单位：元

领用部门 \ 类别		量具	刃具	工作服	其他	合计
加工车间	计划总成本					
	本月差异率					
	本月应负担差异					
	实际总成本					
	本月摊销额					
破碎机车间	计划总成本					
	本月差异率					
	本月应负担差异					
	实际总成本					
	本月摊销额					
铸造车间	计划总成本					
	本月差异率					
	本月应负担差异					
	实际总成本					
	本月摊销额					

附件 78-1

存货盘点报告表

企业名称：凤鑫市永昌电机制造公司　　　　2×21 年 12 月 31 日　　　　金额单位：元

存货类别	存货名称	计量单位	数量		盈余		亏短		盈亏原因
			账存	实存	数量	计划成本	数量	计划成本	
原材料	生铁	千克	1 500	2 500	1 000	2 700.00			平时发料计量差错
低值易耗品	刃具	件	985	983			2	136.00	保管员私自送人

会计：李秋菊　　　主管：　　　保管员：陈雅晶　　　盘点人：

注：为简化计算，不考虑“进项税额转出”。

附件 79-1

应付职工薪酬分配表

2×21 年 12 月　　　　单位：元

应借账户	金额	应借账户	金额
生产成本		制造费用	
铸 1001#	2 300.00	铸造车间	1 200.00
铸 1002#	3 000.00	加工车间	2 000.00
铸 1003#	3 000.00	破碎机车间	2 000.00
铸 1004#	1 000.00	机修车间	400.00
加工车间	14 000.00	管理费用	1 500.00
破 1001#	400.00	在建工程	
破 1002#	6 000.00	数控车床安装	500.00
机修车间	500.00	磨床安装	500.00
供电车间	500.00		
合计	¥30 700.00	合计	¥8 100.00

附件 79-2

职工工会经费、职工教育经费计提表

2×21 年 12 月　　　　单位：元

应借账户	工会经费（2%）	职工教育经费（1.5%）
生产成本		
铸 1001#	46.00	34.50
铸 1002#	60.00	45.00
铸 1003#	60.00	45.00
铸 1004#	20.00	15.00
加工车间	280.00	210.00
破 1001#	8.00	6.00
破 1002#	120.00	90.00
机修车间	10.00	7.50
供电车间	10.00	7.50
制造费用		
铸造车间	24.00	18.00
加工车间	40.00	30.00
破碎机车间	40.00	30.00
机修车间	8.00	6.00
管理费用	30.00	22.50
在建工程		
数控车床安装	10.00	7.50
磨床安装	10.00	7.50
合计	¥776.00	¥582.00

附件 80-1

无形资产摊销说明

1.专有技术5年摊销完毕，自2×21年12月份起摊销。

2.土地使用权10年摊销完毕，自2×21年12月份起摊销，每月摊销417元。

附件 81-1

电费分配表

分配总额：30 000元

其中：自发电成本5 000元

外购电成本25 000元

每度电价0.5元

用电单位	费用或成本项目	数量（度）	金额（元）	用电单位	费用或成本项目	数量（度）	金额（元）
生产成本				制造费用			
铸1001#	燃料及动力	8 000	4 000.00	铸造车间	水电费	160	80.00
铸1002#	燃料及动力	9 000	4 500.00	加工车间	水电费	700	350.00
铸1003#	燃料及动力	9 400	4 700.00	破碎机车间	水电费	500	250.00
铸1004#	燃料及动力	3 000	1 500.00	机修车间	水电费	240	120.00
加工车间	燃料及动力	16 000	8 000.00	小　计		1 600	¥800.00
破1001#	燃料及动力	600	300.00	管理费用	水电费	400	200.00
破1002#	燃料及动力	10 000	5 000.00				
机修车间	燃料及动力	2 000	1 000.00				
小　计		58 000	¥29 000.00				
				合　计		60 000	¥30 000.00

附件 82-1

固定资产交接凭证

2×21年**12**月**31**日

品　名	规格	数量	价值（元）	附属物	预计使用年限	备　　注
数控车床		1台	149 947.50	—	10年	华益集团公司投资自营安装
磨床		1台	67 943.50	—	8年	华益集团公司投资自营安装
交接双方签章： 移交单位：　基建组					接受单位：加工车间	

附件 84-1

机修费用分配表

2×21年**12**月

分配对象	费用项目	耗用工时（小时）	金额（元）	备　　注
制造费用				
加工车间	修理费	300		单位机修工时
破碎机车间	修理费	308		单价10.00元/小时
合　　计		608		

附件 85-1

制造费用分配说明

1.铸造车间：铸1001#担负1 150元，铸1002#担负1 500元，铸1003#担负1 500元，余下由铸1004#担负。

2.破碎机车间：破1001#担负200元，余下由破1002#担负。

3.加工车间制造费用计入加工车间成本。

附件86-1

产品成本计算单

产品名称：2#破碎机（破1001#）　　2×21年12月31日　　单位：元

项目	直接材料	直接人工	直接动力	制造费用	其他	合计
期初在产品	8 547.01	570.00	174.00	550.00		9 841.01
本期费用	1 568.00	414.00	300.00	200.00	426.99	2 908.99
合计	¥10 115.01	¥984.00	¥474.00	¥750.00	¥426.99	¥12 750.00

会计：李秋菊　　主管：陈梦洁　　审核：聂军

附件86-2

产品成本计算单

产品名称：2#破碎机（破1002#）　　年　月　日　　单位：元

项目	直接材料	直接人工	直接动力	制造费用	其他	合计
期初在产品						
本期费用						
合计						

附件86-3

产品成本计算单

产品名称：减速机架（铸1001#）　　2×21年12月31日　　单位：元

项目	直接材料	直接人工	直接动力	制造费用	其他	合计
本期发生费用	12 250.00	2 380.50	4 000.00	1 150.00	1 219.50	21 000.00
已转出成本	11 459.00	2 436.00	3 724.00	1 071.00	910.00	19 600.00
还应转出成本	791.00	−55.50	276.00	79.00	309.50	1 400.00

注：加工车间领用100件，负担差异1 000元。
自制半成品剩余40件，负担差异400元。

附件86-4

产品成本计算单

产品名称：减速机齿轮（铸1002#）　　年　月　日　　单位：元

项目	直接材料	直接人工	直接动力	制造费用	其他	合计
本期发生费用						
已转出成本						
还应转出成本						

附件86-5

产品成本计算单

产品名称：减速机齿轮（铸1003#）　　年　月　日　　单位：元

项目	直接材料	直接人工	直接动力	制造费用	其他	合计
本期发生费用						
已转出成本						
还应转出成本						

附件86-6

产品成本计算单

产品名称：减速机（加工车间）　　　　年　月　日　　　　单位：元

项　目	自制半成品	直接材料	直接人工	直接动力	制造费用	其　他	合　计
本期发生费用							
完工产品成本							
在产品成本							

注：产成品90台，在产品10台。

附件87-1

已发出或已销售产品成本计算单

产品名称：减速机　　　　年　月　日　　　　单位：元

销售方式	销　量	单位成本	总成本
委托代销			
分期收款			
日常出售			
合　计			

附件87-2

已发出或已销售产品成本计算单

年　月　日　　　　单位：元

产品名称	销售方式	销　量	单位成本	总成本
1#破碎机	日常出售			
2#破碎机	日常出售1			
	日常出售2			
合　计				

注：成本价不同分两行写。

附件88-1

关于年终存货盘亏处理意见

据你司上报的存货盘亏情况，经研究作出如下处理意见，盘亏的刃具应由保管员张小利赔偿。

此致

××省××厅

2×21年12月31日

附件89-1

坏账准备计算表

企业名称：　　　　年　月　日

年末“应收账款”科目余额	规定比例	提取前“坏账准备”科目借方余额	提取前“坏账准备”科目贷方余额	提取的坏账准备金
1	2	3	4	5=1×2+3−4

附件90-1

增值税纳税申报表

（适用于增值税一般纳税人）

根据国家税收法律法规及增值税相关规定制定本表。纳税人不论有无销售额，均应按税务机关核定的纳税期限填写本表，并向当地税务机关申报。

税款所属时间：　　年　月　日至　　年　月　日　　　　填表日期：　　年　月　日　金额单位：元至角分

纳税人识别号				所属行业：	
纳税人名称	（公章）	法定代表人姓名		注册地址	营业地址
开户银行及账号			登记注册类型	其他有限责任公司	电话号码

	项目	栏次	一般项目		即征即退项目	
			本月数	本年累计	本月数	本年累计
销售额	（一）按适用税率计税销售额	1				
	其中：应税货物销售额	2				
	应税劳务销售额	3				
	纳税检查调整的销售额	4				
	（二）按简易办法计税销售额	5				
	其中：纳税检查调整的销售额	6				
	（三）免、抵、退办法出口销售额	7				
	（四）免税及劳务销售额	8				
	其中：免税货物销售额	9				
	免税劳务销售额	10				
税款计算	销项税额	11				
	进项税额	12				
	上期留抵税额	13				
	进项税额转出	14				
	免、抵、退应退税额	15				
	按适用税率计算的纳税检查应补缴税额	16				
	应抵扣税额合计	17=12+13-14-15+16				
	实际抵扣税额	18（如17<11，则为17，否则为11）				
	应纳税额	19=11-18				
	期末留抵税额	20=17-18				
	简易计税办法计算的应纳税额	21				
	按简易计税办法计算的纳税检查应补缴税额	22				
	应纳税额减征额	23				
	应纳税额合计	24=19+21-23				
税款缴纳	期初未缴税额（多缴为负数）	25				
	实收出口开具专用缴款书退税额	26				
	本期已缴税额	27=28+29+30+31				
	①分次预缴税额	28				
	②出口开具专用缴款书预缴税额	29				
	③本期缴纳上期应纳税额	30				
	④本期缴纳欠缴税额	31				
	期末未缴税额（多缴为负数）	32=24+25+26-27				
	其中：欠缴税额（≥0）	33=25+26-27				
	本期应补（退）税额	34=24-28-29				
	即征即退实际退税额	35				
	期初未缴查补税额	36				
	本期入库查补税额	37				
	期末未缴查补税额	38=16+22+36-37				

凤鑫市永昌电机制造公司 财务专用章

授权声明	如果你已委托代理人申报，请填写下列资料： 为代理一切税务事宜，现授权 （地址）　　　　为本纳税人的代理申报人，任何与本申报表有关的往来文件，都可寄予此人。 授权人签字：	申报人声明	本纳税申报表是根据国家税收法律法规及相关规定填报的，我确定它是真实的、可靠的、完整的。 声明人签字：

以下由税务机关填写：

主管税务机关：　　　　接收人：　　　　税务机关盖章：

附件 91-1

城市维护建设税、教育费附加纳税申报表

所属时间：2×21 年 12 月

经济性质：国有经济

预算级次：市级

纳税人名称	凤鑫市永昌电机制造公司	税务微机编号		开户银行	工行华岩办	账号	00886644

经营项目	计税依据	税率	应纳税额	已纳（抵）税额	本期实际应补（退）税额
城市维护建设税					
教育费附加					
合计					
缴款书字号	开票日期： 年 月 日		入库日期： 年 月 日		开票人：

财务负责人：陈梦洁　　　　申报日期：2×21 年 12 月 31 日

附件93-1

中华人民共和国
企业所得税月（季）度预缴纳税申报表（A类）

税款所属期间：　　　年　　月　　日至　　　年　　月　　日

纳税人识别号（统一社会信用代码）：□□□□□□□□□□□□□□□□□□□□

纳税人名称：　　　　　　　　　　　　　　　　　　　　　金额单位：人民币元（列至角分）

预缴方式	□ 按照实际利润额预缴	□ 按照上一纳税年度应纳税所得额平均额预缴	□ 按照税务机关确定的其他方法预缴
企业类型	□ 一般企业	□ 跨地区经营汇总纳税企业总机构	□ 跨地区经营汇总纳税企业分支机构

预缴税款计算

行次	项　目	本年累计金额
1	营业收入	
2	营业成本	
3	利润总额	
4	加：特定业务计算的应纳税所得额	
5	减：不征税收入	
6	减：免税收入、减计收入、所得减免等优惠金额（填写A201010）	
7	减：固定资产加速折旧（扣除）调减额（填写A201020）	
8	减：弥补以前年度亏损	
9	实际利润额（3+4-5-6-7-8）/按照上一纳税年度应纳税所得额平均额确定的应纳税所得额	
10	税率（25%）	
11	应纳所得税额（9×10）	
12	减：减免所得税额（填写A201030）	
13	减：实际已缴纳所得税额	
14	减：特定业务预缴（征）所得税额	
15	本期应补（退）所得税额（11-12-13-14）/税务机关确定的本期应纳所得税额	

汇总纳税企业总分机构税款计算

行次		项　目	本年累计金额
16	总机构填报	总机构本期分摊应补（退）所得税额（17+18+19）	
17		其中：总机构分摊应补（退）所得税额（15×总机构分摊比例____%）	
18		财政集中分配应补（退）所得税额（15×财政集中分配比例____%）	
19		总机构具有主体生产经营职能的部门分摊所得税额（15×全部分支机构分摊比例____%×总机构具有主体生产经营职能部门分摊比例____%）	
20	分支机构填报	分支机构本期分摊比例	
21		分支机构本期分摊应补（退）所得税额	

附报信息

高新技术企业	□ 是　□ 否	科技型中小企业	□ 是　□ 否
技术入股递延纳税事项	□ 是　□ 否		

按季度填报信息

季初从业人数		季末从业人数	
季初资产总额（万元）		季末资产总额（万元）	
国家限制或禁止行业	□ 是　□ 否	小型微利企业	□ 是　□ 否

谨声明：本纳税申报表是根据国家税收法律法规及相关规定填报的，是真实的、可靠的、完整的。

纳税人（签章）：　　　　　年　　月　　日

经办人： 经办人身份证号： 代理机构签章： 代理机构统一社会信用代码：	受理人： 受理税务机关（章）： 受理日期：　　　年　　月　　日

国家税务总局监制

附件94-1

提取法定盈余公积计算表

企业名称：　　　　　　　　　　　　　　　　　年　月

项　　目	行　次	金　额
净利润	1	
减：弥补企业以前年度亏损	2	
计提盈余公积基数	3	
本期应提取法定盈余公积	4	

会计：　　　　主管：　　　　复核：　　　　制表：

附件95-1

应付利润计算表

企业名称：　　　　　　　　　　　　　　　　　年　月

项　　目	行　次	金　额
净利润	1	
减：弥补企业以前年度亏损	2	
提取法定盈余公积	3	
加：年初未分配利润	4	
盈余公积补亏	5	
可供投资者分配的利润	6	
应付给投资者的利润	7	
其中：	8	

会计：　　　　主管：　　　　复核：　　　　制表：

附件97-1

科目汇总表

年　　月　　日　　　　　　　编号：　　　　单位：

会计科目	期初余额		本期发生额		期末余额	
	借　方	贷　方	借　方	贷　方	借　方	贷　方

续表

会计科目	期初余额		本期发生额		期末余额	
	借　方	贷　方	借　方	贷　方	借　方	贷　方
合　计						

制表：

附件99-1

资产负债表

会企01表

编制单位： 年 月 日 单位：元

资　　产	期末余额	上年年末余额	负债和所有者权益（或股东权益）	期末余额	上年年末余额
流动资产：			流动负债：		
货币资金			短期借款		
交易性金融资产			交易性金融负债		
衍生金融资产			衍生金融负债		
应收票据			应付票据		
应收账款			应付账款		
应收款项融资			预收款项		
预付款项			合同负债		
其他应收款			应付职工薪酬		
存货			应交税费		
合同资产			其他应付款		
持有待售资产			持有待售负债		
一年内到期的非流动资产			一年内到期的非流动负债		
其他流动资产			其他流动负债		
流动资产合计			流动负债合计		
非流动资产：			非流动负债：		
债权投资			长期借款		
其他债权投资			应付债券		
长期应收款			其中：优先股		
长期股权投资			永续债		
其他权益工具投资			租赁负债		
其他非流动金融资产			长期应付款		
投资性房地产			预计负债		
固定资产			递延收益		
在建工程			递延所得税负债		
生产性生物资产			其他非流动负债		
油气资产			非流动负债合计		
使用权资产			负债合计		
无形资产			所有者权益（或股东权益）：		
开发支出			实收资本（或股本）		
商誉			其他权益工具		
长期待摊费用			其中：优先股		
递延所得税资产			永续债		
其他非流动资产			资本公积		
非流动资产合计			减：库存股		
			其他综合收益		
			专项储备		
			盈余公积		
			未分配利润		
			所有者权益（或股东权益）合计		
资产总计			负债和所有者权益（或股东权益）总计		

附件99-2

利润表

会企02表

编制单位：　　　　　　　　　　年　月　　　　　　　　　　单位：元

项　目	本期金额	上期金额
一、营业收入		
减：营业成本		
税金及附加		
销售费用		
管理费用		
研发费用		
财务费用		
其中：利息费用		
利息收入		
加：其他收益		
投资收益（损失以“-”号填列）		
其中：对联营企业和合营企业的投资收益		
以摊余成本计量的金融资产终止确认收益（损失以“-”号填列）		
净敞口套期收益（损失以“-”号填列）		
公允价值变动收益（损失以“-”号填列）		
信用减值损失（损失以“-”号填列）		
资产减值损失（损失以“-”号填列）		
资产处置收益（损失以“-”号填列）		
二、营业利润（亏损以“-”号填列）		
加：营业外收入		
减：营业外支出		
三、利润总额（亏损总额以“-”号填列）		
减：所得税费用		
四、净利润（净亏损以“-”号填列）		
（一）持续经营净利润（净亏损以“-”号填列）		
（二）终止经营净利润（净亏损以“-”号填列）		
五、其他综合收益的税后净额		
（一）不能重分类进损益的其他综合收益		
1.重新计量设定受益计划变动额		
2.权益法下不能转损益的其他综合收益		
3.其他权益工具投资公允价值变动		
4.企业自身信用风险公允价值变动		
……		
（二）将重分类进损益的其他综合收益		
1.权益法下可转损益的其他综合收益		
2.其他债权投资公允价值变动		
3.金融资产重分类计入其他综合收益的金额		
4.其他债权投资信用减值准备		
5.现金流量套期储备		
6.外币财务报表折算差额		
……		
六、综合收益总额		
七、每股收益：		
（一）基本每股收益		
（二）稀释每股收益		

附件99-3

现金流量表

会企03表

编制单位： 年 月 单位：元

项　　目	本期金额	上期金额
一、经营活动产生的现金流量：		
销售商品、提供劳务收到的现金		
收到的税费返还		
收到其他与经营活动有关的现金		
经营活动现金流入小计		
购买商品、接受劳务支付的现金		
支付给职工以及为职工支付的现金		
支付的各项税费		
支付其他与经营活动有关的现金		
经营活动现金流出小计		
经营活动产生的现金流量净额		
二、投资活动产生的现金流量：		
收回投资收到的现金		
取得投资收益收到的现金		
处置固定资产、无形资产和其他长期资产收回的现金净额		
处置子公司及其他营业单位收到的现金净额		
收到其他与投资活动有关的现金		
投资活动现金流入小计		
购建固定资产、无形资产和其他长期资产支付的现金		
投资支付的现金		
取得子公司及其他营业单位支付的现金净额		
支付其他与投资活动有关的现金		
投资活动现金流出小计		
投资活动产生的现金流量净额		
三、筹资活动产生的现金流量：		
吸收投资收到的现金		
取得借款收到的现金		
收到其他与筹资活动有关的现金		
筹资活动现金流入小计		
偿还债务支付的现金		
分配股利、利润或偿付利息支付的现金		
支付其他与筹资活动有关的现金		
筹资活动现金流出小计		
筹资活动产生的现金流量净额		
四、汇率变动对现金及现金等价物的影响		
五、现金及现金等价物净增加额		
加：期初现金及现金等价物余额		
六、期末现金及现金等价物余额		

（六）实验用品表

项数	名　称	单位	数量	备　注
1	收款凭证	张	12	通用格式
2	付款凭证	张	29	通用格式
3	转账凭证	张	85	通用格式
4	账簿启用及交接记录	张	4	正面为交接记录，背面为目录
5	总分类账账页	张	28	通用格式，每页25行
6	库存现金日记账账页	张	1	通用格式，每页22行
7	银行存款日记账账页	张	1	通用格式，每页22行
8	三栏式账页	张	50	通用格式，每页20行
9	数量金额式账页	张	20	通用格式，每页20行
10	多栏式账页	张	19	通用格式，每页20行
11	固定资产明细账账页	张	5	通用格式，每页17行
12	增值税明细账账页	张	2	通用格式，每页18行
13	账夹	付	1	通用16开账夹
14	鞋带	根	1	
15	凭证封皮	张	2	
16	口取纸	张	5	本实验只给出5张做示范
17	线绳	根	2	装订凭证用
18	锥子	把	若干	装订凭证用，共用
19	胶水，蓝、黑、红钢笔	瓶/支	各1	自带
20	算盘或计算器	个	1	自带